DO SONHO AO SUCESSO

SEGREDOS E ESTRATÉGIAS DO MERCADO IMOBILIÁRIO

EDITORA
CHAVE MESTRA®

Ficha técnica

EDITORA
CHAVE MESTRA®

Av. Marcos Penteado de Ulhoa Rodrigues, 1119 – Tamboré, Alphaville – SP,
Ed. Office Shopping Tamboré – andar 21 – sala Chave Mestra
CEP: 06460-040
@editorachavemestra
editora@editorachavemestra.com.br
Acesse: www.editorachavemestra.com.br

Título original em português:
Do sonho ao sucesso: segredos e estratégias do mercado imobiliário

Direção editorial: Raquel Medeiros
Coordenação editorial: Bartira Costa Neves
Assistência editorial: Eloiza Andrade e Larissa Robbi Ribeiro
Revisão: Híllona Anjos
Diagramação e projeto gráfico: Weslei Eugênio
***Branding* de capa:** Izzo Medeiros

Dados Internacionais de Catalogação na Publicação (CIP)

Vale, Rogério. (Organizador)

V149 Do sonho ao sucesso: segredos e estratégias do mercado imobiliário / Rogério Vale (org.) – Barueri, SP: Chave Mestra Editora, 2025.
256 p.: 16 x 23 cm

ISBN 978-65-5496-076-2

1. Mercado imobiliário. 2. Desenvolvimento pessoal. 2. Negócios.
3. Sucesso profissional. 4. Prosperidade. 5. Inteligência emocional.
6. Investimentos. I. Título.

CDD 158.1

APRESENTAÇÃO

Seja bem-vindo(a) a uma jornada transformadora pelo mundo do mercado imobiliário! Neste livro, *Do sonho ao sucesso: segredos e estratégias do mercado imobiliário*, você encontrará narrativas que não apenas poderão iluminar os caminhos para o sucesso, como também revelar os segredos que podem transformar sonhos em realidades palpáveis.

Cada capítulo deste livro é uma peça fundamental na jornada de superação, repleta de *insights* valiosos e experiências que moldaram a carreira de muitos profissionais do setor. Aqui, você descobrirá o poder da análise de mercado, uma habilidade essencial para qualquer investidor ou corretor que deseja se destacar em um ambiente tão dinâmico e competitivo.

Além disso, conhecerá um dos pilares do sucesso no mercado imobiliário, que é a capacidade de aumentar o retorno sobre o investimento (ROI) por meio de orçamentos precisos, descobrirá como negociar com eficácia, outra habilidade crucial, e como garantir os melhores acordos, seja na compra, na venda ou na locação de imóveis. A negociação imobiliária não é apenas uma transação, é uma arte que, quando dominada, pode abrir portas para oportunidades incríveis.

Aqui são compartilhadas histórias inspiradoras que mostram como a inteligência emocional pode ser um diferencial nas negociações. A capacidade de entender e gerenciar emoções, tanto as suas quanto as dos outros, pode ser a chave para construir relacionamentos duradouros e bem-sucedidos no setor.

Você também encontrará estratégias utilizadas por profissionais do setor para a venda de imóveis de luxo, um nicho que exige um olhar atento e uma abordagem diferenciada. Construir uma carreira de sucesso no mercado imobiliário é um objetivo que muitos almejam, e esta obra oferece pistas para alcançar esse sonho, destacando a importância da exclusividade e da parceria como modelos de negócios rentáveis.

Nestas páginas, também os coautores contam como se aprofundar nas avaliações imobiliárias e desenvolver um olhar crítico são habilidades que podem fazer toda a diferença na hora de identificar oportunidades de investimento, falam de desafios e oportunidades do mercado de aluguéis e sobre estratégias eficazes para transformar *leads* em vendas.

Neste livro, você encontrará dicas sobre como gerenciar crises, superar desafios, evitar erros comuns na compra e na venda de imóveis e sobre porque a proteção dos investimentos é uma prioridade.

A venda consultiva é outro tema abordado, que mostra como ser mais do que um simples vendedor de imóveis. A avaliação e a seleção de imóveis para investimento são discutidas em detalhes, assim como a localização, um dos fatores mais críticos na valorização imobiliária, o impacto da legislação e as atualidades que moldam o mercado.

Por fim, explora-se a importância do *networking*, da inovação e da tecnologia, além de como conquistar clientes corporativos e manter-se atualizado em um mercado em constante evolução.

Enfim, ao longo destes capítulos, você conhecerá chaves para garantir que suas decisões sejam sempre as mais acertadas. Então, prepare-se para mergulhar em um universo repleto de conhecimento, estratégias e histórias inspiradoras. Que este livro seja uma fonte de motivação e aprendizado, guiando você em sua própria jornada do sonho ao sucesso no mercado imobiliário.

Vamos juntos transformar desafios em oportunidades e sonhos em conquistas!

EDITORA
CHAVE MESTRA®

IDEC | INSTITUTO DE DESENVOLVIMENTO COMPORTAMENTAL

Sumário

Alessandra Bella Angra

Meu nome é Alessandra Cássia, mas sou conhecida como Bella Angra. Minha trajetória no mercado imobiliário começou de forma singular. Quando disseram que o mercado de alto padrão não era para mim, por ter crescido na roça à luz de lamparina, aceitei o desafio de mostrar que minhas origens não limitariam meu futuro.

Com 24 anos no mercado econômico e, desde 2022, atuando no segmento de luxo e alto padrão em Angra dos Reis, criei um legado de excelência, construindo relacionamentos sólidos e entregando resultados que se destacam em um mercado altamente exigente.

Mais do que uma empresa, é uma bênção divina que compartilho com meus filhos, Ruan e Josué, guiada por propósito e valores familiares.

bella.angra

+55 (24) 99967-7222

Alessandra Bella Angra

Bella Angra Imóveis

alessandra@bellaangra.com.br

bellaangra.com.br

DO SONHO AO SUCESSO

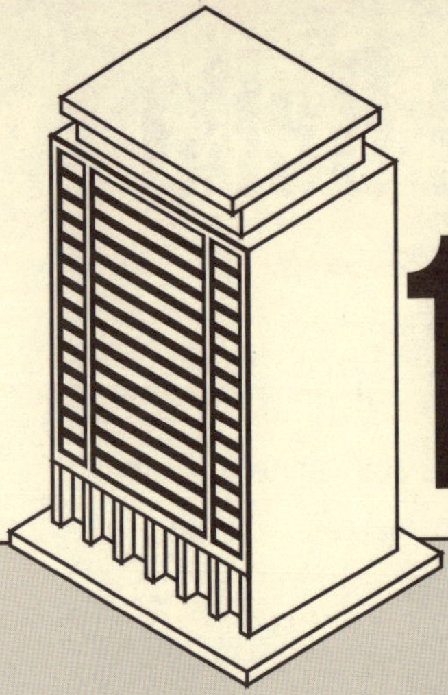

1 DAS LAMPARINAS AO LUXO: UMA JORNADA DE SUPERAÇÃO

Por Alessandra Bella Angra

Quando me disseram que o mercado imobiliário de alto padrão não era para mim, por eu ter sido criada na roça, à luz de lamparina, soube naquele instante que havia encontrado o maior desafio da minha vida. Era o momento de provar que minhas origens humildes não definiriam o meu destino.

Cresci na roça, sou filha de dona Dalva, uma mulher forte que me criou sozinha, com amor e sacrifícios. Meu pai nunca esteve presente e nossa vida foi marcada por desafios. Eu me lembro das noites à luz de lamparina, em uma casa simples, aonde o sustento vinha das lavouras de café. Desde nova, ajudava minha mãe como boia-fria, aprendendo o valor do trabalho duro e da perseverança.

Aos 12 anos, minha trajetória começou a mudar quando o Sr. José Augusto, dono da loja "A cinderela magazine", em São João do Manteninha/MG, me ofereceu meu primeiro emprego. A partir daí, comecei minha jornada nas vendas.

Aos 13 anos, minha família se mudou para Angra dos Reis, onde nascia minha paixão pelos imóveis. Minha mãe trabalhava em mansões e eu a acompanhava, encantada pela grandiosidade das propriedades. Embora ela me dissesse "Nosso lugar é na cozinha, minha filha. Essas casas não são para nós", eu sentia que isso não era verdade. Eu poderia, de alguma forma, fazer parte daquele mundo.

Apesar das dificuldades, conquistei meu primeiro emprego formal em um supermercado, onde fiquei por cinco anos. Ali, aprendi muito e realizei pequenos sonhos, como comprar minha primeira bicicleta. Fiz amizades que carrego até hoje.

Aos 18 anos, me tornei mãe e percebi que algo precisava mudar. Um salário-mínimo não seria suficiente para oferecer o conforto que eu sonhava para meu filho. Decidi transformar minha realidade e entrei no mercado imobiliário.

Comecei em uma imobiliária de bairro, chamada Josias Imóveis, onde dei meus primeiros passos como corretora. Sou profundamente grata ao Dr. Josias, que foi a primeira pessoa a acreditar em mim e me ensinar os fundamentos dessa profissão. Ele teve um papel essencial na construção da base que me trouxe até aqui.

A paixão por imóveis crescia a cada dia, talvez como uma resposta à minha infância, quando minha mãe transformava a simplicidade de nossa casa em um lar acolhedor.

Aos 20 anos, decidi apostar em mim mesma, retomei os estudos e me certifiquei como corretora de imóveis. Cada desafio e cada superação me trouxeram até aqui. Hoje, com orgulho, afirmo que transformei minha paixão em uma carreira de sucesso, criando um caminho que antes parecia inalcançável.

A transição para o mercado de alto padrão

Após 22 anos de intensa dedicação ao mercado imobiliário, tomei a difícil decisão de encerrar minha trajetória no segmento econômico, com um profundo sentimento de gratidão. Trabalhar com o sonho da casa própria – o primeiro lar, onde se depositam desejos e esperanças – foi uma experiência transformadora. Cada entrega de chaves era mais do que uma transação; era a realização de um sonho. Tive a honra de fazer parte dessa jornada para tantas famílias.

A transição para um novo patamar não foi simples. Eu e meus filhos mergulhamos no mercado de aluguel de temporada, cuidando de cada detalhe dos imóveis. Minha mãe, com sua dedicação, cuidava das roupas de cama e banho, enquanto eu e meus filhos preparávamos cada propriedade com o máximo de cuidado.

Foi um período de muito trabalho, mas também de amor e dedicação. Com o tempo, conquistei a confiança dos proprietários e comecei a construir uma carteira de imóveis de alto padrão à venda. Já não era mais apenas uma admiradora à distância; finalmente fazia parte do mercado imobiliário de luxo, um sonho que nasceu na minha infância ao ver aquelas mansões grandiosas. A jornada que começou com sonhos humildes agora me permitia viver o que antes parecia inatingível.

Experiências que se transformaram em sabedoria

O mercado imobiliário me ensinou que essa é, sem dúvida, a melhor profissão do mundo. Recentemente, durante um evento em São Paulo, enquanto almoçava com amigos, comentei como nossa profissão nos dá a chance de realizar sonhos e, ao mesmo tempo, viver experiências únicas. Nós, corretores, temos um privilégio raro: a liberdade de administrar nosso próprio tempo e nossa agenda, algo que muitas outras profissões, por mais nobres que sejam, não proporcionam. Claro, trabalhamos muito e a responsabilidade é imensa. Somos corretores, advogados, contadores, psicólogos e, acima de tudo, amigos. No mercado de alto padrão, construí laços de amizade com muitos dos meus clientes. Sempre digo que a sinceridade e a autenticidade são altamente valorizadas nesse mercado. E, às vezes, sou vista como uma corretora que gera controvérsia. Afinal, posso chegar de chinelos e bicicleta, mas se o cliente parar para conversar comigo, ele vai sentir a confiança no meu trabalho. A verdade é uma energia poderosa e é ela que conecta pessoas.

A experiência sensorial na venda de imóveis

No mercado imobiliário de altíssimo padrão, meu trabalho vai além de apresentar imóveis: trata-se de criar experiências sensoriais que tocam a alma. Cada vídeo que produzo é pensado para transcender imagens, permitindo que os expectadores sintam o imóvel antes mesmo de visitá-lo. Atribuo nomes aos lares, destacando sua essência, porque acredito que cada casa carrega uma história e uma personalidade únicas.

Filmo em cenários paradisíacos de Angra dos Reis, frequentemente descalça, correndo pelas praias ou mergulhando nas águas cristalinas. Quero que meus clientes não apenas vejam, mas sintam a energia vibrante e o encanto de ter uma casa em meio à natureza exuberante.

Esses vídeos vão além de uma simples apresentação; eles cultivam um vínculo emocional profundo, despertando o desejo de adotar um novo estilo de vida. Ao narrar as histórias que permeiam cada imóvel, convido meus clientes a se verem não apenas como compradores, mas como protagonistas de um novo capítulo na história de suas famílias.

Gratidão e conquistas inesquecíveis

Minha trajetória no mundo digital foi cheia de desafios. Fui julgada pelas roupas que vestia, pela simplicidade da minha linguagem, por gravar descalça e pelo meu primeiro carro modesto. Muitas vezes, parecia que todas as portas estavam fechadas. Mas nunca desisti de mim mesma ou dos meus sonhos. Sempre acreditei no meu futuro e, acima de tudo, nas promessas divinas que iluminaram meu caminho.

Deus me concedeu uma visão singular e uma criatividade que me ajudaram a enxergar além do óbvio e a superar obstáculos. Em cada lugar que frequento, encontro favores inesperados: clientes, amigos e parceiros que acolhem minha história e compartilham o meu entusiasmo.

O ano de 2022 marcou minha carreira. Meu trabalho ganhou visibilidade nacional quando o renomado Gustavo Rangel, autor de *Engole o choro e vai vender* (2024), divulgou um dos meus vídeos no Instagram. Foi emocionante ser reconhecida por um profissional tão respeitado.

Em 2023, tive a honra de palestrar em Guarulhos/SP a convite do meu mentor e amigo Fazano Mota. Compartilhar minha trajetória com grandes corretores foi um verdadeiro presente, fortalecendo minha conexão com esse próspero ecossistema.

Agora, em 2024, sou agraciada com o prêmio *Woman Business* pela WiitchPlant, idealizado por Yago França. Esse reconhecimento simboliza novos horizontes e, com grande alegria, compartilho minha história na audiência do G1. Vejo tudo isso como bênçãos de prosperidade e amor em minha jornada.

Uma nova era na minha carreira

Minha jornada está longe de terminar. Com os olhos no futuro, mantenho o otimismo e a expectativa de crescer continuamente como profissional, acreditando que a verdadeira transformação vem da reinvenção e da exploração de novas possibilidades.

Planejo expandir minha presença no YouTube, trazendo uma abordagem inovadora e acessível para apresentar imóveis. Quero alcançar um público engajado, permitindo que mais pessoas conheçam as maravilhas do mercado imobiliário em Angra dos Reis, que meus clientes frequentemente descrevem como o lugar mais bonito e rico em natureza do mundo.

Meu propósito vai além de vender imóveis; quero redefinir o mercado imobiliário local e ser protagonista nesse cenário dinâmico. Acredito que, como corretores, somos agentes de progresso, e minha missão inclui conquistar o reconhecimento da prefeitura, evidenciando o impacto positivo do setor na economia.

Com clientes nacionais e internacionais que confiam em mim para investir em imóveis de alto padrão, ajudo não apenas a desenvolver o setor, mas também a criar novas oportunidades e empregos na região. Estou pronta para seguir nessa jornada inspiradora e transformadora!

Gratidão que fortalece caminhos

Ao meu filho, Ruan Cleverton, meu parceiro incansável, corretor de imóveis e *videomaker* talentoso, responsável por todas as minhas produções. A honra de ser sua mãe é um privilégio sem igual e sou imensamente grata por tê-lo ao meu lado nessa jornada.

À minha mãe, toda a minha gratidão e o meu amor. Mesmo em meio à nossa vida humilde, você sempre me ofereceu o que tinha de melhor. Nunca me deixou e ainda me ajudou a criar meus filhos com a mesma força e dedicação que você sempre demonstrou. Sua resiliência é um exemplo que carrego comigo todos os dias.

Ao meu caçula, Josué, uma verdadeira força da natureza. Diabético tipo 1, você é amoroso, inteligente e já começa a trilhar seu próprio caminho na nossa empresa familiar. Sua determinação e sua coragem são fontes inesgotáveis de orgulho para mim.

Agradeço especialmente ao meu mentor, Dr. Pedro Paulo, por quase 20 anos de aprendizado e inspiração. Sua visão e sua sabedoria têm sido fundamentais para minha jornada. Ser sua corretora é uma honra imensurável.

Aos meus clientes, seguidores, amigos e parceiros corretores, cada um de vocês faz tudo valer a pena. A confiança, o apoio e a parceria de todos são o combustível que mantém acesa a chama do progresso.

A Deus, toda honra e glória. Lembro-me das palavras de Zacarias 4:10: “Porque, despreza o dia das coisas pequenas?”. Esse versículo nos lembra de que, mesmo das origens mais simples, Deus pode realizar grandes maravilhas. Ele nos ensina a ver propósito em cada pequeno passo, mostrando que é na fé e na perseverança que cada início, por mais modesto que seja, carrega o potencial para algo grandioso.

Referências bibliográficas

BÍBLIA SAGRADA. A Bíblia de Estudo da Mulher Sábia. São Paulo: Casa Publicadora Paulista, 2017.

RANGEL, G. *Engole o choro e vai vender*. Campinas: Alínea, 2024.

“

Alessandra Bella Angra

No mercado imobiliário, persistência e coragem constroem destinos extraordinários, independentemente da origem. Sejam mais ousados, corretores!

”

Alexandre Bonai

Eu, Alexandre Bonai, sou casado com minha esposa Roberta há onze anos. Sou pai de dois filhos chamados Arthur e Lucas. Sou natural de Ametista do Sul/RS e resido em Chapecó/SC. Formado em Engenharia Civil, corretor de imóveis e perito avaliador de imóveis.

Aos 32 anos, carrego mais de quatorze anos de experiência no mercado imobiliário e de construção civil, sejam essas nas áreas de locação, venda técnica, construção, incorporação, loteamentos e também investimentos por meio de aquisição ou arrematação em leilões.

Fundei a Engebon Engenharia e Construção há quatro anos. Fazemos obras próprias e para terceiros por formato *turn key* ou gerenciamento. Passei por vales profundos em minha trajetória e, nesse processo, passei por uma metanoia significativa.

alexandrebonai
alexandrebonai
direcao@engebon.eng.br

DO SONHO AO SUCESSO

2 O PODER DA ANÁLISE DO MERCADO IMOBILIÁRIO

Por Alexandre Bonai

O setor imobiliário é uma ótima opção para alocar capital de investimentos, mesmo sendo um setor muito dinâmico e sazonal, oferece segurança jurídica e financeira. Investidores procuram diariamente por empreendimentos rentáveis e seguros para alocar seus recursos e nem sempre encontram opções qualificadas e seguras.

Assisti a uma palestra na Associação de Arquitetos e Engenheiros da minha região, onde apresentaram que 90% das unidades habitacionais no Brasil são horizontais (casas) e que esse percentual aumenta em cidades de menor densidade demográfica.

Nesse período, eu fazia apenas obras comerciais e gerenciamentos de obras para terceiros e, em paralelo, construí um pequeno prédio familiar. Após concluir a construção de nosso prédio, tive a ideia de fazer casas no formato de incorporação, pois o resultado das análises de viabilidade se demonstrou rentável. Com base nessas informações, iniciei algumas buscas de terrenos para iniciar meus próprios empreendimentos.

Os estudos de viabilidade financeira são análises detalhadas que avaliam as possibilidades de um projeto, empreendimento ou investimento ser viável financeiramente ou não. Esse estudo contempla também entender quais tipos de empreendimentos podem ser alocados nessa região, no lote disponível, o custo de sua construção e, sendo mais específico, qual o potencial de venda e geração de renda desse empreendimento.

O crescimento de ofertas de imóveis que não tiveram qualquer tipo de estudo prévio pode gerar um desequilíbrio comercial e até acabar estourando pequenas bolhas imobiliárias. Uma bolha imobiliária é um fenômeno econômico que ocorre quando os preços dos imóveis aumentam rapidamente e de forma insustentável, para depois cair rapidamente. Como exemplo, cito a pandemia do covid-19 que ocasionou pequenas bolhas imobiliárias com o setor de imóveis residenciais de campo, chácaras ou até mesmo condomínios fechados distantes das cidades que possibilitavam melhor isolamento.

Quando incorporadores lançam muitos produtos similares aos já ofertados, numa escala que o mercado não absorve, gerando assim uma grande quantidade de oferta de produtos com características semelhantes, também podem causar pequenas bolhas imobiliárias.

Mesmo com grande quantidade de lançamentos imobiliários não qualificados, o déficit habitacional do Brasil continua grande. O déficit habitacional é um indicador que estima existência de moradias em condições inadequadas de habitação ou a falta dessas habitações. Lançamentos imobiliários de loteamentos acabam sendo ofertados inicialmente a investidores para trazer viabilidade financeira antes de levar esses imóveis para o mercado, o que não ajuda a minimizar o déficit habitacional, porque esses investidores só querem a valorização do terreno e normalmente estes não constroem e nem movimentam o mercado da construção.

Trago alguns itens que são imprescindíveis para as análises de mercado e que podem ser a chave para o sucesso no universo imobiliário.

A lei de **oferta e demanda** é um deles. Essa lei direciona o poder para quem joga dentro das regras, por exemplo: quando você possui um imóvel, praticamente exclusivo e com muitos diferenciais, ninguém consegue colocar preço ou desvalorizá-lo e, com certeza, será um objeto de desejo nesse caso, o poder está com o vendedor ou o possuidor do imóvel. O inverso é verdadeiro, se o seu imóvel possuir características comuns, ou seja, que vários outros imóveis também possuem, em uma região que já existe uma grande quantidade de ofertas nesses moldes, facilmente o comprador estará com o poder de decisão nas mãos, fazendo com que o seu valor de mercado caia, ou melhor, que você tenha que baixar o valor para conseguir vender no prazo que planejou. Esse item pode ser um dos principais causadores dessas pequenas bolhas imobiliárias.

A **taxa de vacância** também é muito importante ser avaliada, ela indica a taxa de desocupação dos imóveis em uma determinada região. Esse indicador é muito útil para entender como vai a economia da região analisada, pois, sem desenvolvimento financeiro da região, a probabilidade de seu imóvel também não ser comprado ou alugado é grande, comprometendo seu *payback* planejado. Quando um empreendimento está sendo estudado, outro item que deve ser analisado é o tempo que esse imóvel demora para ser alugado ou vendido, chamamos esse indicador de **taxa de captação**. O exemplo que trago de minha cidade é que imóveis comerciais têm uma taxa de captação de doze meses, enquanto os residenciais são de dezoito meses, ambos para venda.

O **preço médio** dos imóveis que estão sendo ofertados no mercado traz uma base para o seu comercial, pois, após fazer seu estudo de viabilidade, consegue-se medir o potencial gerador de receita que o seu empreendimento ou imóvel possui através desse indicador. Além disso, buscar entender a **tendência dos preços** de mercado, analisando histórico e movimentações e direcionamento dos lançamentos que estão acontecendo na região, quais foram as mudanças ao longo do tempo e, com base nesse histórico, emular o cenário futuro para minimizar os riscos.

Definimos moda como um conjunto de opiniões, gostos e buscas coletivas, mas que tem por característica ser momentânea. Quando empresas desenvolvem produtos imobiliários para públicos de *personas* específicas, como o "novo rico", devem ter ciência de que são imóveis que atendem à moda **imobiliária**, em que possuem por desejo ambiência e comunidade com pessoas do mesmo grupo social. A cada nova geração, novas tecnologias e evolução populacional terá uma moda diferente e esse item costuma ser dinâmico e mudar com frequência conforme os novos lançamentos forem surgindo. Já a **tendência imobiliária** é a evolução de mercado num sentido determinado, ou seja, é a direção que a evolução imobiliária está levando, baseando-se no histórico de mercado e nas projeções de especialistas do setor. Por exemplo: em nossa região, as casas de alto padrão estão sendo construídas dentro de condomínio fechados e as de padrão médio/baixo, em lotes abertos para as ruas.

No desenvolvimento de um produto para atender a uma demanda de mercado específica, deve-se ter alguns cuidados e é muito importante responder algumas perguntas antes de iniciar. Exemplos: qual o cliente ideal para esse imóvel (*persona*)? Quantas unidades desse produto já estão sendo ofertadas no mercado? Quantos clientes já procuraram por esse produto e não o encontraram, nos últimos meses? Qual região da cidade ou do estado que estão tendo essas procuras? Qual é a economia principal que movimenta essa cidade? A cidade está crescendo? Entre outras inúmeras perguntas. Elas podem direcionar você para a tendência do mercado e minimizar os riscos do investimento que pretende fazer. E, nesse momento, nem entraremos nas análises de mercado de imóveis comerciais e industriais, pois os estudos e as análises devem ser ainda mais criteriosos, tendo conhecimento de origem de matéria-prima para a indústria, logística, matriz energética, escoamento de produção, público consumidor, entre várias outras condicionantes.

A solução para esses problemas não surgirá da noite para o dia, basta que façamos o processo correto, analisando oportunidades e fazendo análises criteriosas em todos os seus aspectos mercadológicos, gerando boas oportunidades para o público final e para os investidores. Fico entristecido quando vejo pessoas ou empresas que, limitadas de capital e sem experiência e que dependentes de liquidez no primeiro lançamento para iniciar o segundo, se colocaram em situação de risco, perdendo tempo e dinheiro.

O *boom* da internet transformou o mercado digital em um negócio exponencial, com isso trouxe à tona influenciadores desesperados e mal-intencionados, que vendem o sonho de ficar rico rápida e facilmente, mas a realidade é que não será fácil tampouco rápido. Não existe segredo nem milagre, mas sim preparação, treinamento e trabalho duro, além de assumir muitos riscos para ter sucesso em projetos e empreedimentos. O caminho correto, além de buscar o conhecimento, seria procurar um especialista desse tipo de análise para auxiliar você enquanto ganha experiência. Todo suor derramado no treinamento poupará o derramar de sangue na batalha.

Escrevi esse pequeno capítulo para encorajar você a buscar conhecimento, parceiros por meio de *networking*, aliançar parcerias com corretores e fornecedores. Não estou garantindo que terá sucesso fazendo todas essas análises, mas, sim, que isso reduzirá consideravelmente seus riscos.

Aqui fala um jovem empreendedor que saiu de casa aos 16 anos, trabalhou de garçom por muitos anos e foi buscando conhecimento, cursou Engenharia Civil, preparou-se para o mercado de trabalho, passou longos anos de experiência sem ter resultados financeiros expressivos e, mesmo assim, antes dos 30 anos, tornou-se investidor no mercado imobiliário atingindo o primeiro milhão.

No trecho bíblico Eclesiastes 11:1-2, já se ensinava: "Empregue o seu dinheiro em bons negócios e com o tempo você terá o seu lucro. Aplique-o em vários lugares e em negócios diferentes porque você não sabe que crise poderá acontecer no mundo". Então, além de buscar bons negócios imobiliários para investir, trate também de diversificar seus investimentos para não se colocar em situação de risco, não feche as portas por onde passar, caminhe nos princípios e agradeça todos os dias pelo que Deus lhe deu e Ele continuará te abençoando.

Na passagem de Mateus 6:33, "Busquem, em primeiro lugar, o Reino de Deus e a sua justiça, e todas essas coisas lhes serão acrescentadas", o resultado financeiro não deve ser nosso foco, mas sim uma consequência das sementes que plantamos.

O favor de Deus só lhe pega no caminho. Inicie um movimento, mude seu ambiente, conheça pessoas novas e assim terá novas ideias, que possibilitarão novas ações e irão gerar novos resultados. Seja persistente e resiliente, pois não será fácil tampouco rápido. Concluo meu capítulo com mais um versículo (Salmos 46:1): "Deus é nosso refúgio e nossa força, sempre pronto a nos socorrer em tempos de aflição". Não pare até conseguir, seja humilde e não pegue atalhos. O processo é doloroso mas o resultado é gratificante.

"

Alexandre Bonai

Nunca tome uma decisão difícil quando no vale estiver; na montanha é o melhor lugar. Só não esqueça de o seu coração escutar.

"

Bruna Pires

Sou engenheira civil, especialista em orçamento, e professora de pós-graduação, com mais de dez anos de experiência na construção civil. Ao longo da minha trajetória, participei de projetos de diferentes portes e segmentos, incluindo infraestrutura, obras de pré-fabricados de concreto, além de construções comerciais e residenciais de alto padrão.

Nessa jornada, desenvolvi o Método OP (Orçamento na Prática), no qual ensino na prática os detalhes que a teoria não mostra. Atualmente, nossa comunidade conta com mais de 1.200 alunos, que se destacam ao elaborar orçamentos com segurança, precisão e foco na lucratividade.

Sou apaixonada por orçamento e pelo processo de transformar dados técnicos de execução em custos reais, assegurando o sucesso financeiro por meio de fórmulas precisas.

Orçamento na Prática

engbrunapires

DO SONHO AO SUCESSO

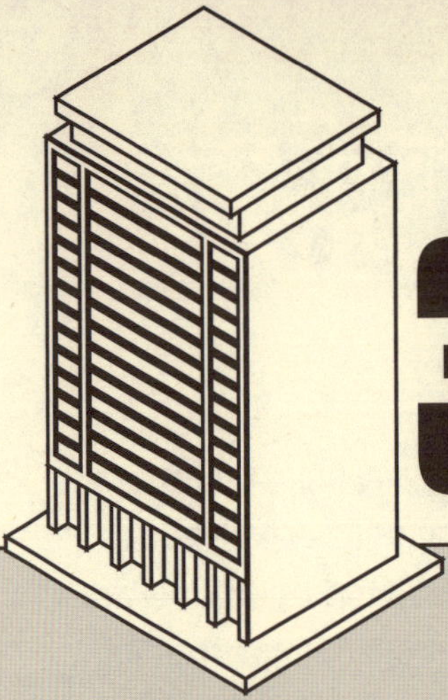

3 AUMENTE O ROI DA SUA OBRA COM ORÇAMENTO PRECISO

Por Bruna Pires

O orçamento é um tema essencial quando falamos em lucratividade na construção civil. Ele orienta todas as decisões financeiras do projeto e, quando mal elaborado, pode gerar impactos negativos no empreendimento. Um dos maiores desafios das obras é a execução dentro do prazo e do custo previstos, e isso geralmente acontece por falta de um planejamento adequado, principalmente nas etapas de cronograma e orçamento.

Uma curiosidade sobre mim: apesar da aparência tranquila, sou apaixonada por esportes radicais. E, acreditem, considero o orçamento de obras uma verdadeira aventura. Entrar em uma área onde muitas empresas enfrentam dificuldades para controlar custos é, de fato, um desafio radical.

E você? Arrisca fazer um orçamento de obras? Se sim, este capítulo é para você. Vou compartilhar ferramentas que ajudarão você a elaborar orçamentos com mais segurança e precisão. Para quem ainda não se sente tão confiante, não se preocupe, este capítulo também foi feito para lhe mostrar como entrar nessa área preparado.

Com esse cenário em mente, é fácil perceber a importância de um bom orçamento para assegurar o Retorno sobre o Investimento (ROI) na construção civil. O ROI mede o lucro gerado a partir do investimento inicial. Quando o orçamento não é bem-elaborado e controlado, o ROI pode acabar sendo neutro, consumindo o lucro ou até resultando em prejuízo.

Fórmula do ROI = (lucro do investimento - custo do investimento) / custo do investimento.

O ROI representa quantas vezes você teve de retorno sobre o investimento inicial.

Neste capítulo, vou apresentar três pilares fundamentais para garantir e maximizar o ROI de um projeto, a partir de um orçamento bem-estruturado.

1. **Estudo de viabilidade:** análise inicial para evitar surpresas.
2. **Orçamento real:** criar um orçamento preciso com o Método OP.
3. **Alavancagem do ROI:** estratégias para aumentar a rentabilidade e garantir o sucesso financeiro.

Com esses três pilares, você estará mais preparado para elaborar orçamentos que garantem o sucesso dos seus projetos e aumentem a sua lucratividade.

Pilar 1 – Viabilidade

Tudo começa pela viabilidade. O estudo de viabilidade decide se o projeto será viável e lucrativo. É essa análise inicial que sinaliza se o projeto deve seguir adiante. Mas atenção: se o estudo for feito incorretamente, quando chegar à fase de orçamento real, você pode descobrir que a lucratividade não será a esperada.

Os principais pontos a considerar, nesta fase, são:

- **identificação de riscos:** avaliar riscos como mudanças de mercado e eventuais problemas com vizinhos ou outras interferências;
- **ROI:** calcular o retorno esperado para garantir que o projeto compense financeiramente;
- **metodologia executiva:** definir a melhor abordagem para execução, considerando tempo, custo e recursos;
- **legislação local:** verificar a regulamentação junto à prefeitura e à Receita Federal, sempre considerando todos os custos com impostos e taxas;
- **demanda do projeto:** avaliar se existe mercado para o produto ou serviço a ser construído;
- **custos de marketing e comercialização:** estimar os custos de divulgação e venda;
- **estimativa de juros, se financiado:** considerar os juros para estimar o custo real do financiamento;
- **estimativa de custo (mais de 50% do custo da viabilidade):** levar em conta características do terreno, facilidade de acesso e disponibilidade de fornecedores.

Na estimativa inicial, é essencial usar uma metodologia bem-definida e incluir o reajuste de custos com base no tempo de duração da obra. Considere o Índice Nacional de Custo da Construção (INCC) para ajustar os custos conforme a previsão de início e término da obra.

Pilar 2 – Orçamento real

No orçamento de uma obra, prática e teoria precisam caminhar juntas. É assim que conseguimos entender o "jogo" do orçamento e, mais importante, como transcrever a prática para a teoria, usando as ferramentas que temos, como as planilhas de orçamento. Um erro comum é confiar apenas em tabelas prontas, como o Sistema Nacional de Preços e Índices para a Construção Civil (SINAPI). Embora seja uma tabela útil, ela é genérica e precisa ser ajustada conforme as características da sua região. Cada localidade tem suas particularidades e é essencial considerar isso no orçamento.

Vou dar um exemplo real: recentemente, fui contratada para executar uma obra em Uberlândia/MG. Embora Uberaba, onde costumo trabalhar, fique a 105 km de distância, notei uma diferença significativa nos custos de mão de obra. Em Uberaba, o escoramento de laje já está incluso no preço global da mão de obra, mas em Uberlândia é cobrado separadamente, com fornecedores específicos para o escoramento. Essa diferença entre as cidades mostra como as metodologias de execução podem variar conforme a região e reforça que não se pode aplicar tabelas genéricas, como o SINAPI, sem ajustá-las à realidade local e às especificidades de cada projeto.

Você já notou alguma diferença na sua região que impacte o orçamento?

Outro ponto importante para elaborar um orçamento real é construir seu próprio banco de dados, registrando tudo o que será consumido na obra. Por exemplo, ao executar o serviço de alvenaria, é preciso medir o consumo de quantos tijolos estão sendo usados por metro quadrado, quanto cimento, quanta areia e até a produção do pedreiro. Isso permite criar um coeficiente próprio de consumo para usar em futuros orçamentos. Reconheço que realizar essa análise detalhada para todos os serviços pode demandar um esforço significativo. Além disso, em sua própria construtora, você pode utilizar diferentes tipos de tijolos, como o tijolo deitado, o que exige ajustes nas medições. Esse método é preciso, mas manter um banco de dados atualizado é um desafio para muitas construtoras.

Você já passou por essa experiência de medir os serviços em obra? Com isso em mente, você pode estar se perguntando: como otimizar esse processo e ainda garantir precisão? Vou mostrar a você uma forma eficiente com o Método OP.

Com o Método OP (Orçamento na Prática), você transforma a forma como elabora seus orçamentos e, mais importante, assegura a lucratividade do projeto. A chave está em entender a execução do serviço e criar fórmulas que traduzam essa realidade para a planilha de orçamento, tornando o processo muito mais rápido e preciso. Por exemplo, ao definir a dimensão do tijolo e a espessura da junta de assentamento, você calcula quantos tijolos serão necessários por metro quadrado e determina a quantidade de argamassa. A partir disso, também fica fácil estimar os materiais necessários: cimento, cal, areia, entre outros. Assim, você transcreve a prática da obra para a teoria, criando uma planilha de orçamento precisa.

Gosto de ir a fundo para entender como as coisas funcionam na prática e construir fórmulas precisas. Certa vez, em uma obra, pedi ajuda ao Zezinho, um pedreiro, para entender o consumo de materiais para concreto de 15 MPA. Fui até ele e perguntei: "Zé, você me ajuda a entender quanto de cimento, areia e brita estamos gastando?". Ele respondeu: "Não, não. Tenho que terminar isso aqui hoje!". Ele estava no ritmo da produção. Mas eu insisti: "Eu trago uma Coca amanhã, vai?". E ele, claro, cedeu. Quem já sabe o poder de uma Coca-Cola na obra, não é?

Usamos uma lata de 16 litros como medida: um saco de cimento, sete latas de areia, sete latas de brita e três latas de água. No total, foram quatorze latas de material seco, que geraram doze latas de concreto, indicando uma retração dos materiais. Esse exercício me ajudou a criar fórmulas com base nas massas dos materiais, alinhando prática e teoria.

Esse é o processo que sigo no Método OP: transcrever a realidade da obra com fórmulas para a planilha, garantindo que o orçamento seja real e reflita com precisão o que será gasto para todos os serviços de uma obra. É assim que você também pode ter um orçamento rápido e preciso.

No *QR Code* no início do capítulo, deixei uma planilha exclusiva que criei para calcular a quantidade de cimento, areia e brita para qualquer traço de concreto especificado em projeto. Aproveite essa ferramenta exclusiva para simplificar ainda mais seus orçamentos e garantir precisão em cada cálculo!

Pilar 3 – Alavancagem

Com um orçamento detalhado, é preciso gerar uma lista precisa de materiais para alavancar o ROI. A partir dessa lista, consigo identificar os itens de maior representatividade de custo. Isso não quer dizer que são os mais caros, mas sim os que, em função da quantidade e custo unitário, têm maior representatividade dentro do orçamento.

Cada material vai ter um percentual de custo dentro do orçamento e, ao ordenar esses custos do maior para o menor, crio uma ferramenta de análise que, se bem utilizada, pode alavancar a lucratividade: a curva ABC, em que 80% do custo estará em 20% dos itens.

Utilizando a curva ABC, identifico os itens que representam 80% do custo e posso focar as otimizações estratégicas. Por exemplo, uma cliente com expectativa de custo de R$ 800.000,00 viu o orçamento chegar a R$ 1.200.000,00. A análise da curva ABC revelou que o concreto translúcido e o mármore Onix era um dos responsáveis por onerar o custo. Com alguns ajustes, substituindo o concreto por alvenaria e limitando o mármore ao lavabo, alinhei o orçamento com as expectativas da cliente.

Para alavancagem, você pode analisar dados de orçamentos anteriores, usando parâmetros como taxa de aço e coeficiente de consumo de concreto, para verificar se o projeto está dentro dos padrões e identificar ajustes que maximizem o ROI. Também pode calcular o custo de m² por ambiente. Por exemplo, em um empreendimento, o custo de construção de um m² de garagem é mais barato do que o de um m² de cozinha. Se você reduzir 0,5 m² da cozinha e transferir para a garagem, conseguirá uma economia significativa. Com isso, pode gerar uma curva ABC por ambiente e identificar onde é possível otimizar os custos, maximizando a lucratividade do projeto.

Visto todos esses pilares, entende-se que, quando se fala em orçamento de obras, não se trata de algo para amadores. É fundamental se equipar com conhecimento para realizar uma viabilidade bem-feita, elaborar um orçamento real e, com a análise dos dados do orçamento, conseguir assim alavancar o ROI.

“ *Bruna Pires*

Na vida, como no orçamento, a única forma de vencer o medo é a prática.

”

Cristiane Paconio

Olá! Sou Cristiane Paconio, tenho 38 anos, sou pós-graduada na Fundação Getúlio Vargas (FGV) em Administração de Empresas e atuo no mercado imobiliário há dezessete anos. Minha especialidade é a área de documentação e financiamento imobiliário, em que busco oferecer soluções seguras e eficientes para facilitar o processo de aquisição de imóveis.

Além de empresária, sou mãe da Lorena Paconio, o que me motiva a conciliar minha vida profissional com a dedicação à família. Com um olhar atento às necessidades de meus clientes, estou sempre em busca de aperfeiçoamento e novas oportunidades para crescer no setor imobiliário e proporcionar um atendimento de excelência.

experlarfinanciamentos

4 NEGOCIAÇÃO IMOBILIÁRIA: TÉCNICAS PARA GARANTIR OS MELHORES ACORDOS

Por Cristiane Paconio

A negociação imobiliária é um processo complexo que envolve uma série de fatores, desde a análise do mercado até a construção de confiança entre comprador e vendedor. Quando se trata de financiamento, as nuances se tornam ainda mais delicadas, pois envolvem não apenas a transação do bem, mas também questões jurídicas e financeiras. Neste capítulo, exploraremos estratégias e técnicas que podem ser usadas para garantir os melhores acordos em negociações imobiliárias, tanto com financiamento quanto sem financiamento. Ao compreender essas abordagens, você poderá aumentar suas chances de sucesso e obter condições mais favoráveis em qualquer tipo de negociação.

A base de uma boa negociação imobiliária

A base para qualquer negociação bem-sucedida é o entendimento claro de ambas as partes. Antes de começar, é fundamental que você se prepare adequadamente.

- **Estudo do mercado imobiliário.** Conhecer o valor médio dos imóveis na região onde você está negociando é essencial para tomar decisões. Entendimento das necessidades do outro: pergunte-se qual é a motivação do vendedor ou do comprador. Compreender suas necessidades ajudará a identificar pontos de negociação e possibilidades.
- **Pesquise sempre.** Não se baseie apenas na opinião de terceiros ou de intermediários. Acesse dados de mercado atualizados, converse com especialistas e verifique a valorização de imóveis na área.

Negociando imóveis com financiamento

Quando há financiamento envolvido, as negociações podem ser mais complicadas, pois há uma série de fatores externos que influenciam o acordo, como taxas de juros, prazos e a análise de crédito. Contudo, você pode adotar algumas abordagens para maximizar suas chances de sucesso.

Entenda o processo de financiamento

Antes de entrar em qualquer negociação, compreenda como funcionam os financiamentos. Estude as taxas de juros praticadas pelos bancos, as modalidades de financiamento e os prazos. Saber a fundo as condições do financiamento pode ser um diferencial.

Aproveite a taxa de juros

A taxa de juros é um dos aspectos mais influentes em uma negociação com financiamento. Se a taxa estiver muito alta, talvez seja interessante negociar com o vendedor para baixar o valor do imóvel ou aumentar o valor da entrada, porém **nunca** deixe de fechar o negócio devido a taxa, existem possibilidades de portabilidade futura com as reduções caso houver, pois o imóvel sempre vai valorizar conforme inflação. O melhor momento da negociação é agora não deixe para amanhã o que pode comprar hoje.

Negociação de prazo de pagamento

Outro aspecto fundamental é o prazo do financiamento. Em negociações com financiamento, um prazo mais longo pode facilitar o pagamento, mas também aumentará o valor final pago devido aos juros. Tente negociar um prazo que se ajuste às suas condições financeiras e/ou trabalhe com amortizações. Iremos falar sobre isso mais à frente.

Faça uma proposta agressiva

Em algumas situações, pode ser possível conseguir um desconto considerável no valor do imóvel, caso o pagamento seja feito por meio de financiamento, mas sem comprometer muito o valor da entrada. Apresente uma oferta inicial mais baixa. Você, comprador e vendedor, comece com um valor mais alto para ter flexibilidade.

Amortizações

Amortizar um financiamento imobiliário significa reduzir o saldo devedor da dívida antes do prazo final. Existem diversas técnicas que podem ser aplicadas para acelerar esse processo, resultando em uma redução dos juros pagos ao longo do tempo e, em muitos casos, uma economia significativa no valor total do financiamento. A seguir, listo algumas das principais técnicas para amortizar um financiamento imobiliário.

Como funciona: você pode realizar pagamentos extras para diminuir o saldo devedor, como, por exemplo, pagar uma parcela a mais por ano ou pagar uma parte maior das parcelas mensais.

Benefícios: redução do saldo devedor, que faz com que a incidência de juros seja menor no futuro. Isso pode resultar em economia significativa, especialmente se a amortização for feita no início do financiamento, quando os juros incidem mais sobre o saldo devedor.

Amortização via Sistema de Amortização Constante (SAC)

Como funciona: no SAC, a amortização é constante, ou seja, o valor da parcela principal paga mensalmente é fixo, o que resulta em uma redução mais rápida do saldo devedor. Embora as parcelas iniciais sejam mais altas, elas diminuem com o tempo.

Benefícios: menor valor total pago em juros ao longo do tempo. O saldo devedor é reduzido mais rapidamente, o que também reduz o impacto dos juros compostos.

Amortização via Sistema de Parcelas Fixas (PRICE)

Como funciona: no sistema PRICE, as parcelas têm o mesmo valor durante toda a vigência do financiamento, mas, ao longo do tempo, a proporção de amortização do saldo devedor aumenta, enquanto o valor dos juros diminui. Porém, todo contrato existe uma correção monetária mensal.

Benefícios: para quem prefere a previsibilidade no valor das parcelas, mas é menos vantajoso em termos de amortização acelerada em relação ao SAC.

Refinanciamento ou portabilidade de crédito

Como funciona: caso você encontre um financiamento com uma taxa de juros mais baixa, é possível transferir a dívida para outra instituição financeira (portabilidade) ou mesmo renegociar o saldo devedor com o banco original.

Benefícios: redução da taxa de juros pode resultar em um valor menor pago ao longo do tempo, além de facilitar o pagamento da dívida.

Uso de Fundo de Garantia do Tempo de Serviço (FGTS)

Como funciona: o FGTS pode ser utilizado para amortizar o saldo devedor do financiamento imobiliário. Ele pode ser usado em parcelas anuais ou de forma direta para abater o valor da dívida.

Benefícios: o uso do FGTS reduz diretamente o valor do saldo devedor, o que diminui o montante de juros pagos no futuro.

A chave para uma boa amortização do financiamento imobiliário é entender qual técnica se adapta melhor ao seu perfil financeiro. Quanto mais cedo você começar a reduzir o saldo devedor, mais rapidamente o impacto dos juros diminui, o que gera uma economia significativa ao longo dos anos.

No entanto, é importante também considerar sua capacidade de pagamento e não comprometer sua saúde financeira para realizar esses pagamentos adicionais. Além disso, sempre leia o contrato do financiamento para verificar se há taxas de antecipação ou outros custos envolvidos.

Negociando imóveis sem financiamento

Quando não há financiamento envolvido, a negociação tende a ser mais direta e flexível. No entanto, a falta de financiamento pode apresentar desafios, especialmente se o comprador precisar de um tempo maior para reunir o valor completo da compra.

A vantagem de uma negociação sem financiamento é a rapidez com que o pagamento pode ser realizado. Se você tiver o valor completo à vista, use isso a seu favor. Ofereça um pagamento à vista, mas com desconto. A perspectiva de uma venda rápida pode ser atraente para o vendedor, que muitas vezes aceita um desconto para evitar complicações com financiamento. Porém, como sou a favor do financiamento, trata-se de um crédito sadio, então avalie se vale a pena descapitalizar.

Outra possibilidade é negociar o pagamento parcelado diretamente com o vendedor, sem envolver o financiamento bancário. Dependendo do imóvel e da urgência do vendedor, essa pode ser uma opção viável, uma alternativa é propor parcelamento sem juros no curto prazo.

Em uma negociação sem financiamento, o vendedor pode estar mais disposto a aceitar flexibilidade em termos de entrega e inspeção do imóvel. Negociar prazos mais vantajosos e a possibilidade de revisões no imóvel pode ser um excelente ponto de partida, aproveite e solicite melhorias ou ajustes no imóvel. Se você optar por uma negociação sem financiamento, use isso a seu favor para pedir reformas ou ajustes no imóvel sem custos adicionais.

Algumas técnicas são interessantes, tais como *rapport*. *Rapport* é a técnica de estabelecer uma conexão emocional e de confiança com a outra parte. Para isso, é importante ouvir ativamente o que o outro lado está dizendo, demonstrar empatia e estabelecer um diálogo claro. Escute mais do que fale. Tente compreender as necessidades e desejos do vendedor. Isso pode abrir portas para concessões que favoreçam ambas as partes.

Princípio da escassez. Este princípio se baseia na ideia de que as pessoas tendem a valorizar mais o que parece escasso. Em uma negociação, você pode usar esse conceito ao destacar que o imóvel tem um grande valor no mercado ou que existem outras pessoas interessadas; crie um senso de urgência. Ao mencionar que há outros interessados no imóvel, você pode acelerar a decisão do vendedor, aumentando as chances de obter melhores condições.

Após a negociação, chega o momento crucial de formalizar o acordo. Nesse ponto, tanto com quanto sem financiamento, a formalização deve ser feita de maneira clara e segura. Certifique-se de que todos os documentos estejam em ordem e que o contrato seja claro quanto às condições acordadas, seja no financiamento ou no pagamento à vista. Defina prazos claros para o pagamento e a entrega do imóvel. A clareza nesses detalhes é fundamental para evitar futuros conflitos.

A negociação imobiliária, seja com ou sem financiamento, exige conhecimento, paciência e estratégias eficazes. Ao se preparar adequadamente, entender as condições de financiamento e usar técnicas psicológicas, você pode garantir acordos mais vantajosos, maximizando suas chances de sucesso. Lembre-se: cada negociação é única e a flexibilidade e o comprometimento são os maiores aliados para fechar um bom negócio.

“ *Cristiane Paconio*

Não existe cliente ruim, existe cliente mal orientado ou mal atendido. A chave está no cuidado e na comunicação.

”

Darlon Carrijo

Sou Darlon Carrijo, empresário, nascido e radicado em Uberaba/MG. Casado com Marielle, minha companheira há 16 anos (e contando). Companheiros em tudo, inclusive em nossa empresa que nos enche de orgulho.

Sou engenheiro civil especialista em obras de alto padrão e com mais de uma década de experiência em construções residenciais em condomínios fechados. Hoje, tenho mais de cinquenta casas entregues nos mais renomados condomínios da cidade, totalizando mais de 12.000 m^2 de área construída, exclusivamente com esse tipo de construção.

Filho de dois batalhadores, um caminhoneiro e uma dona de casa (que se tornou empresária aos 60 anos, nunca é tarde!). Minhas duas queridas irmãs e eu não tivemos uma infância luxuosa, longe disso, mas sempre fomos muito incentivados a estudar e lutar muito pelos nossos sonhos.

engdarloncarrijo

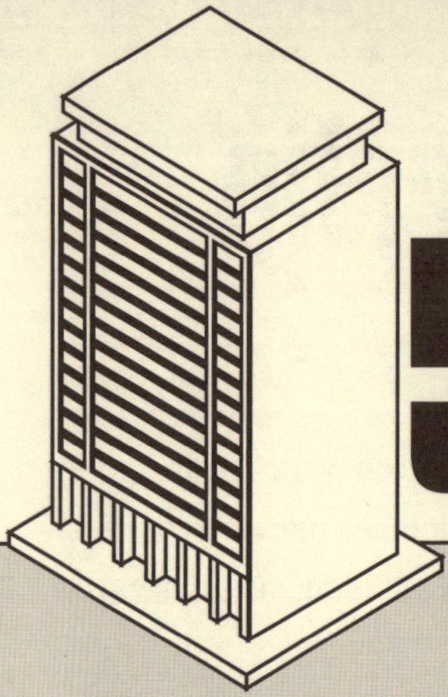

5 DO SONHO AO SUCESSO: MINHAS RAÍZES E MINHA JORNADA

Por Darlon Carrijo

Meu primeiro contato com o mundo da construção civil aconteceu ainda nos meus 16 anos enquanto cursava o Ensino Médio. Estudava pela manhã e à tarde comecei a trabalhar em uma empresa que projetava e fabricava móveis planejados. A empresa vivia uma crise e contava com poucos colaboradores, para meu aprendizado isso foi ótimo, já que eu precisava fazer de tudo um pouco, desde o atendimento aos clientes, esboços de projetos até ajudar no preparo dos planos de corte das placas de MDF.

Apesar de ter adorado esse primeiro contato com o mundo da construção civil, quando finalizei o Ensino Médio, em 2005, o mercado imobiliário não indicava boas perspectivas, pelo menos não aos olhos míopes da minha pequena experiência vivida. Por isso, minha opção inicial foi pela Engenharia de Produção, curso não tão popular à época e que prometia bons empregos pós formatura.

Sempre achei cruel um jovem precisar definir o seu destino e uma profissão para exercer pelas próximas décadas nos 16 ou 17 anos, sem a vivência ou a experiência necessária para isso.

Em Uberaba/MG, após três semestres de Engenharia de Produção, não via perspectiva de seguimento na minha carreira, todos os assuntos estudados me interessavam pouco e Engenharia Civil seguia sob meu radar. Mas meu conhecimento ainda incipiente do mercado mais uma vez me fazia acreditar que havia uma crise que me impediria de prosperar. A solução? Mudar de cidade, de engenharia e apostar na engenharia mecânica, área tradicional, consolidada e que também prometia boas oportunidades aos recém-formados.

Eu me inscrevi em um programa superconcorrido de transferência e consegui ingressar em uma Universidade Federal em Uberlândia, cidade vizinha. Outro tiro n'água: as disciplinas pouco me interessavam e os horários aleatórios não me permitiam conseguir uma boa vaga de estágio que pudesse me ajudar a entender como realmente funcionava a profissão e o dia a dia de um engenheiro mecânico.

Após um ano de estudos e de bastante insatisfação com o curso, a baixa perspectiva de futuro profissional me inquietava. A solução encontrada foi de retornar à Uberaba e finalmente tentar minha vontade primeira, cursar e começar a estagiar na área da Engenharia Civil. E foi quando tudo se encaixou, logo encontrei um estágio o qual permaneci por três anos. Era uma construtora de médio porte, mas que estava aproveitando a explosão do programa Minha Casa Minha Vida. Tempo de muito aprendizado, eram muitas demandas e pude ter contato com todo o processo construtivo, desde a prospecção de terrenos, projetos e o acompanhamento das obras *in loco*. Tudo fluía e o seguimento da carreira se consolidava.

No penúltimo semestre da faculdade, quando eu tinha como certa a minha efetivação na construtora em que estagiei por anos, um grave acidente de trânsito me afastou do trabalho. Foram meses de recuperação e um ponto de inflexão na trajetória. Um grande amigo da faculdade que começava a estruturar sua construtora precisava de ajuda no processo de expansão e crescimento de sua empresa e me convidou a ajudá-lo nesse projeto. Eu estava em vias de concluir o curso e resolvi encarar o desafio.

Um novo mundo se abriu. Ao contrário da escala industrial do programa Minha Casa Minha Vida, em que construíamos centenas de casas simples e idênticas, a nova construtora era especializada em construções de casas de alto padrão nos melhores condomínios da cidade. Foi um baque. Era tudo novo, mas, para mim, muito mais atraente. A repetição industrial dos processos deu lugar a um cenário artesanal. Cada projeto era único e cada casa tinha sua identidade.

Cada vez mais tudo fazia sentido e se encaixava com o que eu imaginava desde o meu primeiro trabalho na fábrica de planejados. Não havia crise e as perspectivas nesse mercado só melhoravam. Foram quase dez anos trabalhando diretamente no canteiro de obras e realizando dezenas e dezenas de projetos incríveis para essa construtora.

Até então, tinha dentro de mim a vontade de captar clientes e executar os projetos diretamente para eles, afinal, experiência eu tinha de sobra, já tirava todos os problemas do dia a dia de letra, mas, sempre que eu pensava nisso, o medo de não conseguir fechar meus próprios contratos me paralisava. E eu seguia no conforto de ter trabalho garantido por meio da construtora. O retorno financeiro não era o que eu desejava, mas a certeza de nunca faltar me congelava e eu seguia dia após dia na mesma rotina.

E, mais uma vez, em uma tragédia, os caminhos mudaram. Veio a pandemia da covid-19 e virou a rotina de todos nós de pernas para o ar. A construção civil foi considerada uma atividade fundamental e por isso seguiu acontecendo ao longo de todo o período pandêmico. Apesar disso, cuidados e a necessidade de estar em casa, forçadamente, nos deu tempo livre. E, com isso, passei a dedicar cada vez mais tempo aos estudos, já tinha uma pós-graduação em segurança do trabalho, mas eu sentia que precisava ir além. Estudei sobre muitos assuntos e, em um dos cursos que fiz, eu me lembrei de como adorava projetar móveis planejados lá no meu primeiro emprego, sentar-me à frente de um computador, pensar, criar e encontrar soluções. Aliás, esse é o grande diferencial do curso de Engenharia, mais que o conteúdo técnico que é lecionado, somos treinados a resolver problemas. A graduação em Engenharia, seja ela qual for, treina e ensina a encontrar saídas.

A pandemia forçou todos a desacelerarem e essa desaceleração me trouxe a clareza de entender o óbvio. Eu já fazia a gestão de dezenas de projetos incríveis para uma construtora. Todos os projetos eram terceirizados e eu conhecia os projetos dos principais escritórios de engenharia da cidade. Conhecia todas as qualidades e defeitos de todos eles. E a maioria tinha muitos defeitos. Por que não tornar essa mesma construtora minha primeira cliente? Eu mesmo poderia fazer os projetos e gerenciar sua execução.

Eu não precisaria renunciar à segurança do meu trabalho atual e ainda poderia iniciar uma carreira paralela na área de projetos trabalhando aos fins de semana e no período da noite, quando possível. Foi incrível! Meu primeiro cliente estava ao meu lado há quase uma década e, por não parar nunca para refletir, eu não enxergava isso.

Por conhecer os pontos fortes e fracos dos projetos que eu já havia executado, consegui estabelecer uma linha de trabalho única e que logo trouxe ótimos frutos. Ter meu primeiro cliente fez quebrar uma barreira que foi transformadora. Se eu consegui um cliente tão importante, eu poderia conseguir outro. Eu só não sabia como; sempre tive na cabeça o estereótipo do vendedor chato e que eu não sabia vender.

Eu me vi obrigado a entender como vender. Meu primeiro cliente era óbvio, estava ao meu lado, me conhecia e confiava em mim, mas como conseguir o segundo? E a resposta é a mesma para qualquer nova habilidade que precisamos desenvolver: estudar e treinar. Nesse momento, eu me vi obrigado a quebrar outra barreira mental: a vergonha e o medo de me expor, sobretudo nas redes sociais. Vários dos cursos que fiz nessa área levavam a esse caminho, a internet. Não havia como correr.

Até que um dia, despretensiosamente, postei a foto de um dos projetos que eu estava desenvolvendo para a construtora a qual eu prestava serviços. Quase instantaneamente, o proprietário de outra construtora, que me seguia, me chamou e perguntou se eu trabalhava com projetos. Eu fiquei perplexo, estava ali o caminho. Tão simples que até me irritou!

Em menos de 24h fechei com meu segundo cliente a partir de um *post*, a princípio, despretensioso. Quebrava-se ali outra barreira. Eu deixava, naquele momento, de apenas prestar serviço para uma única empresa, o caminho se abriu.

Entendi como as redes sociais poderiam ser muito mais que redes de relacionamento pessoal, mas sim canais importantes de prospecção de clientes.

"Como você se posiciona? As pessoas confiam em você?". Logo essas perguntas me vieram à cabeça. Sempre fui bastante discreto e nunca gostei de me expor, porém não restava outra alternativa: revolucionar minhas redes sociais, transformá-las em um canal de comunicação, posicionamento e vendas. Seu primeiro cliente, provavelmente, será uma pessoa próxima a você. E ela está lhe observando desde sempre.

Antes, tudo que eu não queria falar fora do ambiente profissional era sobre o trabalho. Com isso, muitos amigos e familiares nem sabiam com o que, efetivamente, eu trabalhava. Sabiam que eu era engenheiro civil, mas se trata de uma profissão com ramo de atuação tão amplo que ficavam dúvidas e eu não fazia nenhuma questão de esclarecer.

Comecei a documentar meu dia a dia, postar quando estava na obra, postar projetos, fotos de algumas das casas incríveis que realizamos e algo interessante começou a acontecer: em todo lugar que eu chegava, o principal assunto que as pessoas queriam falar comigo era sobre as construções, na maior parte das vezes só por curiosidade, mas algumas vezes realmente interessadas em saber como construir.

Nesse momento, minha visão sobre vendas já estava completamente transformada. Vender vai muito além de oferecer algo. Vender é ajudar pessoas a resolverem problemas, é relacionamento. Nós vendemos o tempo todo, estamos sempre sendo observados.

O meu sucesso diário é poder ajudar a tantas famílias a concretizarem seus sonhos, seja para morarem ou para multiplicarem seus patrimônios através do mercado imobiliário.

Pessoas compram de pessoas. Seja uma pessoa confiável e as pessoas vão comprar, independentemente do que você esteja vendendo. Fortaleça e invista sempre em seu CPF, que seu CNPJ irá prosperar.

Sonhar pode não ser muita coisa, mas, com certeza, é o primeiro passo e o seu sucesso diário é caminhar em direção a esse sonho, não importa a velocidade, desde que esteja na direção certa.

Darlon Carrijo

"Sonhar é o primeiro passo. Depois disso, preparo, coragem e disciplina vão fazer a mágica acontecer."

Elany Ribeiro

Sou Elany Ribeiro, natural de Aracaju/SE, filha de um casal de chefes de cozinha que decidiram sair do Nordeste para o Norte, na capital Porto Velho/RO, buscando uma vida para seus filhos. Na adolescência, voltei para Aracaju e, aos 17 anos, me descobri empreendedora vendendo saladas de frutas.

Estudei Gestão de RH, Direito, MBA em Direito Imobiliário, Transações Imobiliárias, Perícia Judicial e Avaliação de Imóveis. Sou corretora de imóveis, diretora da Smart Imobiliária, escritora, palestrante e mentora.

A minha história com imóveis começou em 2011. Entre os altos e baixos do mercado imobiliário, eu superei grandes desafios, mudei a minha vida e pude escrever uma nova historia.

elanyribeiro

+55 (79) 99859-7785

Elany Ribeiro

elanyribeiro.smart@gmail.com

DO SONHO AO SUCESSO

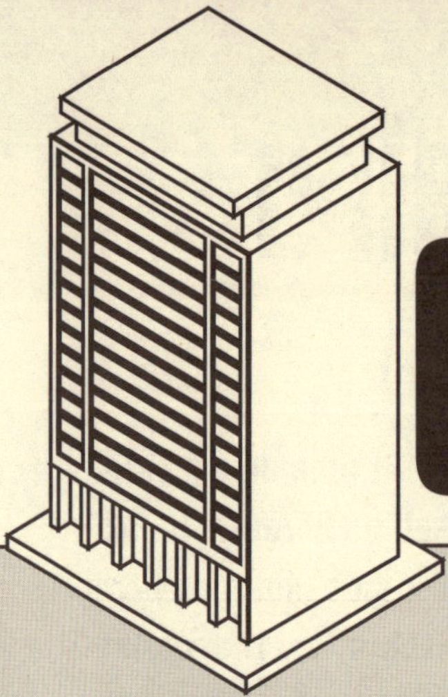

6 INTELIGÊNCIA EMOCIONAL NA NEGOCIAÇÃO IMOBILIÁRIA

Por Elany Ribeiro

Ser vendedora foi algo que desde criança esteve presente na minha personalidade. Recordo-me bem, brincando na varanda de casa, dizendo ser dona de uma mercearia, com uma máquina registradora e algumas bonecas. Ali, eu passava horas fazendo contas e negociando com minhas clientes o que cada uma levaria para casa. Na escola, eu despertei ainda mais essa personalidade comercial, vendia pulseiras e trufas de chocolate, todas fabricadas por mim com a ajuda da minha mãe. Utilizava o período de recreio para oferecer a todos que encontrava as trufas e as pulseiras. Além de ganhar meus primeiros trocados, já trabalhava minha comunicação e minha argumentação de vendas de forma natural e inconsciente. Para os meus pais, isso era uma certeza de que eu seria comerciante

Encerrei o período escolar e a dúvida sobre qual curso de ensino superior escolher era algo que me trazia certo nervosismo, porque a sugestão da família são sempre os cursos tradicionais e eu não me via cursando nenhum deles. Foi então que um dia eu peguei toda a relação de cursos disponíveis e fui riscando as opções viáveis e fiquei entre Administração e Gestão de Recursos Humanos. E esse foi meu primeiro contato com a inteligência emocional de forma consciente, aos 16 anos. Ter que escolher por mim mesma, eliminando as opiniões e as influências da família, algo que seria determinante na minha vida profissional. A escolha foi Gestão de RH baseada na qualidade que eu possuía de me comunicar bem, saber ouvir e ser resolutiva diante de conflitos.

Iniciei a faculdade e precisava trabalhar para ajudar nas despesas. Voltei a vender, mas dessa vez eram saladas de frutas e lasanhas congeladas. Completei 18 anos e fui trabalhar vendendo roupas de grife em uma loja no shopping; pude ter contato com muitas pessoas e, sempre que havia uma brecha, perguntava qual a profissão delas. Aos poucos, fui trabalhando meu *networking* com as clientes e aplicando os ensinamentos da faculdade no meu local de trabalho, mas sempre relembrando aquele sonho de me tornar empresária, trabalhar no que é meu e ter algo grande. Finalizei a faculdade e não estava contente. Optei por estudar Direito, com a visão de que o advogado é empresário e era isso que eu sonhava ser, mas a vida nos mostra caminhos diferentes e escolhas difíceis precisam ser tomadas com cautelas, e uma reviravolta aconteceu comigo nesse momento.

Fui convidada para trabalhar na imobiliária de uma grande construtora nacional que chegava à cidade. A promessa era de a empresa custear o curso de Técnico em Transações Imobiliárias (TTI), eu ser corretora de imóveis com comissões altas e flexibilidade nos horários de trabalho, mas sem salários fixos. Aos 19 anos, eu estava com uma grande oportunidade profissional à minha frente e, ao mesmo tempo, com um medo gigante e o sentimento de insegurança de não conseguir vender e ficar sem recursos para manter meus estudos. Foram dias longos analisando a proposta, com a sensação predominante de sentimentos de incapacidade, até que eu resolvi apostar em mim mesma e aceitei.

Iniciei no mercado imobiliário em 2011, na função de estagiária de corretor de imóveis, estudei incansavelmente os empreendimentos lançados, as regras de vendas e a legislação imobiliária, acreditando que para vender eu precisaria somente ser técnica no assunto e, ouvindo a história de um corretor com carreira estável na profissão, entendi que para ser a empresária e vender imóveis eu deveria desenvolver além da técnica a inteligência emocional para lidar com a rotina de trabalho e suas emoções, frustrações, adaptações às mudanças e a empatia para se colocar no lugar do outro, para saber como conduzir a concretização dos sonhos que as famílias comprariam comigo.

Essa foi minha grande virada de chave e o motivo que me permite viver no mercado imobiliário até hoje. Estruturei uma rotina de trabalho com reconhecimento das minhas emoções para classificar os dias que a minha produtividade está em alta e como agir nos dias que ela está em baixa, gerenciando os estresses que surgem com a autocobrança, a pressão das metas e a comparação com que sempre surge em relação aos outros colegas.

Entendi que esse trabalho de inteligência emocional para o corretor de imóveis exige uma resiliência acima da expectativa de outras profissões, uma vez que o mercado se comporta de forma sazonal e nós recebemos mais nãos do que sins ofertando nossos serviços, e são esses nãos que mostram quais ajustes devem ser feitos na forma de trabalhar, se é o público inadequado para o produto ou a nossa comunicação e também a forma como nós estamos nos apresentando diante dos clientes. Com a resiliência ajustada, é mais tranquilo se manter motivado para as atividades diárias e com o foco no longo prazo desenhado, para que seja possível manter a constância de trabalho e alcançar os objetivos tão sonhados por todos nós.

Quando o autoconhecimento se faz presente, a inteligência emocional se torna a habilidade mais valiosa nos negócios, refletindo em clientes e negociações bem-sucedidas – e você sendo reconhecido como um corretor de imóveis de alta performance e respeitado pelos seus clientes.

Levando os meus aprendizados de inteligência emocional para o atendimento aos clientes, eu pude comprovar que a escuta ativa é um dos maiores diferenciais, pois todo cliente tem uma história para contar e os motivos pessoais que levam ele àquela negociação. Devemos estar atentos aos detalhes falados e os não falados também, demonstrando interesse e respeito pela sua história e criando um ambiente acolhedor para que esse cliente se sinta seguro. Observe todos os sinais corporais enquanto seu cliente se expressa e busque interpretar se a comunicação verbal e não verbal estão alinhadas; nessa fase, você é capaz de identificar sinais emocionais e definir qual a melhor abordagem de gatilhos e argumentos para conduzir a negociação e obter êxito.

Chegou o seu momento, corretor, de se expressar e o primeiro passo é observar que o cliente compra nossa imagem antes dos nossos argumentos. O visual importa e deve ser utilizado como parte da sua estratégia profissional, esteja de acordo com o ambiente, cliente e produto a ser negociado, fazendo com que tudo seja harmônico. Durante sua conversa, é primordial se colocar no lugar do outro genuinamente, mencione algumas falas do cliente associando a sua apresentação de produto ou proposta, reafirmando por quais motivos ele estará fazendo um bom negócio. Um negócio só é fechado com a relação de confiança construída do cliente para o corretor.

Seja um comunicador claro, objetivo e direto, a dúvida é inimiga do negócio bem-sucedido. Seu cliente busca segurança em você como profissional, capaz de entregar o melhor para ele. Menos termos técnicos e de outros idiomas e mais palavras que estejam de acordo com o vocabulário do seu cliente, elabore um roteiro de apresentação para que ele entenda as etapas das suas explicações e, em casos de dúvidas, que sejam esclarecidas em cada fase, mostrando as diversas formas de se comunicar, até que tudo seja entendido. Ao final, certifique-se de que ele recebeu suas informações de forma assertiva, o que foi explicado por você, devolvendo a ele algumas perguntas e o trazendo para a conclusão da negociação.

Esteja preparado emocionalmente para as objeções e também para o não fechamento do seu negócio. Nem sempre a venda vai ser concluída com sucesso e é comum que após uma boa apresentação, seguida de um "Não vou comprar" do seu cliente, o corretor desanime e seu raciocínio lógico seja afetado por alguns sentimentos disfuncionais, como por exemplo: "Essa profissão não é para mim". Nesses momentos, é fundamental lembrarmos que devemos ser resilientes e termos um bom gerenciamento do estresse, buscando entender quais são as objeções do seu cliente e como elas podem ser esclarecidas. Em muitos atendimentos, o cliente entendeu alguma informação de forma divergente e são situações contornáveis.

Quando o corretor tem controle da inteligência emocional nas negociações, ele se mantém estável no seu foco e é capaz de produzir soluções criativas que satisfaçam seus clientes e os negócios. Sermos criativos no mercado imobiliário é mais simples do que pensamos. Costumo entregar nos meus treinamentos alguns passos que nos levam à comunicação criativa e eficiente nas negociações, que são:

- **desenhar o fluxo de jornada** dos atendimentos mais difíceis e com maior número de objeções de vendas não alcançadas;
- **trocar experiências** com colegas de profissão sobre as vendas mais desafiadoras;
- **ler livros** com temas diversos para enriquecer o vocabulário e estimular o cérebro na criação de cenários;
- **participar de eventos** do nosso setor para extrair novas ideias e desenvolver preparo técnico na resolução de conflitos.

Afinal de contas, devemos buscar um consenso entre vendedor e comprador, para que o negócio seja lucrativo para ambos e a nossa missão seja exercida da melhor forma.

Após 14 anos de carreira imersa nesse mundo de gigantes, eu posso afirmar que a minha missão na sociedade é **conectar pessoas a imóveis especiais**, com suas histórias de vida e sonhos realizados em forma de imóveis, sejam eles vendedores, compradores ou corretores de imóveis treinados por mim. Se aquela menina com apenas 19 anos conseguiu chegar até aqui, você também consegue escrever sua história de sucesso!

Espero encontrar você nas negociações imobiliárias.

“

Elany Ribeiro

Cada um de nós é um terreno em potencial para a construção de um grande império. Escolha bem o seu solo e construa o seu legado.

”

Fernando Coletta

Fernando Coletta é um especialista renomado em vendas de imóveis de alto padrão em São Paulo, com mais de quinze anos de sólida experiência no mercado imobiliário de luxo, no qual construiu uma trajetória de sucesso na maior imobiliária do mundo. Sua expertise abrange cada fase de uma transação, da prospecção ao pós-venda, assegurando um atendimento exclusivo e altamente personalizado.

Com profundo conhecimento das regiões mais prestigiadas de São Paulo, ele lidera uma equipe de alta performance e é autor de conteúdos educacionais sobre o setor. Ele acredita que o êxito no mercado de luxo reside na combinação de um serviço excepcional com uma compreensão aguçada das necessidades de cada cliente, em que profissionalismo e dedicação estabelecem um novo padrão de excelência na experiência imobiliária.

colettateam

+55 (11) 97425-7335

+55 (11) 91006-3534

FColettaTeam

FColetta

ColettaTeam

fcoletta@outlook.com

DO SONHO AO SUCESSO

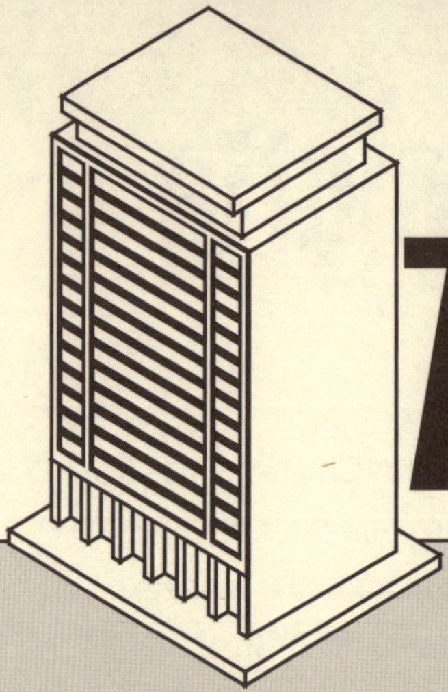

7 ESTRATÉGIAS DE VENDA PARA IMÓVEIS DE LUXO

Por Fernando Coletta

Redefinindo o mercado imobiliário de alto padrão: visão, experiência e inovação

No mercado de imóveis de luxo, cada detalhe conta e cada transação representa mais do que uma simples negociação. O cenário imobiliário de alto padrão exige não apenas experiência, mas uma visão estratégica e um profundo entendimento das aspirações dos clientes mais exigentes. Em minha trajetória de mais de quinze anos, tive o privilégio de vivenciar e moldar as transformações desse segmento, oferecendo aos meus clientes uma experiência que transcende o convencional e eleva o conceito de exclusividade e valor.

Meu compromisso com o mercado de imóveis de luxo está fundamentado em princípios sólidos: personalização, discrição, precisão, integridade e um profundo respeito pelo patrimônio de cada cliente, seja ele comprador ou vendedor. Este capítulo não é apenas um guia sobre o universo imobiliário de luxo, mas uma extensão do meu trabalho, uma oportunidade de compartilhar conhecimentos valiosos, estratégias e, principalmente, uma filosofia de trabalho que coloca o cliente no centro de cada decisão e passo em todo processo.

Entender o cliente comprador para oferecer uma experiência exclusiva

Para clientes que buscam um imóvel de alto padrão, a aquisição vai além de uma simples compra; trata-se de uma decisão que reflete um estilo de vida, valores e ambições. Em minha prática profissional, sei que o perfil do comprador de luxo não se resume a dados demográficos. Esse cliente, que pode ser um empresário, investidor ou executivo de alto escalão, valoriza a privacidade, a sofisticação, a transparência e as oportunidades de valorização no longo prazo. Ele procura imóveis que ressoem com seu estilo de vida, que ofereçam conforto, segurança e um padrão de qualidade impecável.

Esse perfil de comprador, seletivo e exigente, não busca apenas uma propriedade – ele quer uma experiência que corresponda à sua visão de mundo. Para isso, é essencial não apenas conhecer o mercado, mas entender as motivações emocionais e práticas que conduzem sua decisão. Cada aspecto é relevante: a localização, o *design*, a exclusividade e o potencial de valorização. Minha abordagem vai além da venda; ofereço uma curadoria cuidadosa, assegurando que cada propriedade seja uma oportunidade única e significativa para o comprador.

Proprietários de imóveis de luxo: valorizando o patrimônio

Os proprietários que confiam seus imóveis de luxo aos meus cuidados compreendem o valor de um profissional com experiência e visão estratégica. Eles buscam um parceiro que represente seu patrimônio com integridade e discrição. Sabem que a venda de uma propriedade de alto padrão é um processo que exige conhecimento específico, habilidade de negociação e estratégia de marketing direcionada.

Em minha prática, respeito a individualidade de cada imóvel e as expectativas de cada proprietário, aplicando uma abordagem que combina precisão, conhecimento de mercado e um plano de divulgação que realça o que cada propriedade tem de exclusiva e singular.

Para garantir o sucesso e a tranquilidade do proprietário, meu trabalho é fundamentado em transparência e comunicação. Desenvolvo um plano de marketing completo e sob medida, mantenho meus clientes atualizados a cada etapa, desde a definição da estratégia de preço até o fechamento da transação. Ofereço uma experiência de venda exclusiva, em que cada detalhe é cuidadosamente planejado para garantir que o processo seja eficiente e que o imóvel alcance o perfil de comprador ideal.

Estratégias de marketing exclusivas e focadas no público de alto padrão

Em um mercado tão exigente e sofisticado, o marketing imobiliário de luxo precisa ser impecável e, acima de tudo, direcionado e específico. Cada imóvel possui uma história própria, e é essa história que deve ser contada de maneira estratégica para atrair um público seletivo. Em meu trabalho, desenvolvo campanhas de marketing que vão além da estética e da localização, destacando o valor único de cada propriedade e conectando-a emocionalmente com o potencial comprador.

Utilizo recursos visuais de alta qualidade, como vídeos, fotografia profissional e *tour* virtual, mas não apenas para exibir um imóvel – para transmitir uma experiência. Essa narrativa visual permite que o comprador sinta o ambiente, imagine sua vida ali e compreenda o valor de cada detalhe. Adicionalmente, mantenho parcerias com redes internacionais e plataformas digitais de prestígio, o que amplia o alcance e fortalece a presença de cada propriedade no mercado global.

A força do *networking* e das parcerias estratégicas

Nosso setor é construído sobre relações de confiança e minha carreira é marcada por parcerias duradouras e uma ampla rede de contatos, que inclui os melhores profissionais do mercado. Essa rede de contatos não apenas facilita as transações, mas assegura que cada cliente tenha acesso aos serviços e às informações mais relevantes. Além de corretores e investidores, minha rede inclui arquitetos, *designers* de interiores e profissionais especializados em investimentos de alto padrão.

Essa abordagem colaborativa permite que cada cliente – comprador ou vendedor – usufrua de um processo fluido e tenha a segurança de estar amparado por uma equipe preparada e comprometida com o sucesso da transação. Esse é um diferencial essencial, que traz eficiência, agilidade e tranquilidade a cada passo.

Excelência em atendimento: o compromisso com a experiência do cliente

Um dos aspectos que definem o meu trabalho é o compromisso com a excelência no atendimento. Sei que o cliente de imóveis de luxo busca um atendimento diferenciado e personalizado, e é essa experiência que ofereço a cada um. Esse é um mercado em que a discrição, a flexibilidade e o respeito são fundamentais, e meu compromisso é com um atendimento que se adapta às necessidades de cada cliente.

Para compradores, isso significa a garantia de uma experiência privada e flexível, em que cada visita e cada apresentação são planejadas para maximizar o tempo e o conforto do cliente. Para proprietários, é a segurança de que sua propriedade será tratada com o máximo respeito e que cada contato com o mercado será feito de maneira estratégica e controlada.

Uma visão sobre o futuro do mercado imobiliário de luxo

Ao longo dos anos, acompanhei as transformações e tendências que moldam o mercado de luxo. Hoje, mais do que nunca, vejo uma valorização crescente da qualidade de vida e da sustentabilidade. O comprador de alto padrão está cada vez mais atento a esses aspectos e deseja um imóvel que reflita esses valores. Por isso, o futuro do mercado imobiliário de luxo está em imóveis que combinem elegância e sustentabilidade, que promovam uma experiência de vida superior e que ofereçam, ao mesmo tempo, uma conexão com o meio ambiente.

Meu trabalho reflete essa visão e as propriedades que represento são cuidadosamente selecionadas para estarem alinhadas com essa demanda crescente. Acredito que a inovação e a sustentabilidade serão os pilares do mercado de alto padrão no futuro e estou preparado para liderar essa mudança, fazendo parte de uma rede de parceiros nacionais e internacionais, associado à maior rede imobiliária internacional, com sistema e processos inovadores, continuamente me aperfeiçoando em treinamento e salvaguardando os valores que acredito e a transparência e honestidade que os clientes esperam encontrar em um profissional do mercado imobiliário.

Um convite à exclusividade: transforme suas decisões imobiliárias com um profissional de confiança

Este capítulo é um presente cuidadosamente preparado para aqueles que compartilham comigo a busca pela excelência e o desejo de transformar cada transação imobiliária em uma experiência memorável. Seja você um potencial comprador que busca um lar que ressoe com seu estilo de vida ou um proprietário que deseja valorizar seu patrimônio com máxima discrição e profissionalismo, ofereço minha *expertise* e minha paixão pelo mercado de alto padrão. Esta é uma parceria construída para superar as expectativas e criar histórias de sucesso.

Ao ler este capítulo, você está não apenas adquirindo conhecimento estratégico, mas se conectando com um legado de confiança e liderança no mercado de imóveis de luxo. Este é um convite para vivenciar o imobiliário de alto padrão com quem compreende suas aspirações e conhece a importância de cada detalhe.

Seja bem-vindo a um novo patamar no mercado imobiliário de alto padrão, em que a experiência e o compromisso se traduzem em resultados excepcionais e um atendimento verdadeiramente exclusivo. Meu foco não está em apenas intermediar transações, mas em construir relações autênticas e de longo prazo, com base na confiança, integridade e na excelência do serviço. Mais do que atender, busco proporcionar uma experiência que eleve cada etapa do processo, assegurando que valores como transparência, comprometimento e visão estratégica estejam sempre presentes.

Minha atuação é guiada por práticas comprovadas e por uma visão que entende o valor de um mercado no qual profissionais comprometidos encontram um espaço para crescer e inovar. Essa é uma filosofia em que o cliente é sempre o foco e cada transação é uma oportunidade de reafirmar a importância da personalização, da discrição e do respeito aos desejos de cada indivíduo.

Embarque comigo em uma jornada que consolida o que há de melhor na experiência imobiliária de alto padrão. Vamos juntos buscar as práticas que vão continuar elevando o nível do mercado, com a confiança de que um serviço excepcional é o maior diferencial e o verdadeiro segredo do sucesso.

Fernando Coletta

“Vender imóveis de luxo é investir em uma experiência única, baseada na confiança, excelência e exclusividade.”

metropolis

Fernando Machado

Prazer! Sou o Fernando Machado, nascido em 1984, na cidade de Santo André/SP.

Fui criado em Mauá/SP e tive uma infância muito simples em relação ao que o dinheiro pode comprar, mas muito rica em valores. Meus pais foram os meus grandes exemplos. A vida me deu o meu maior presente, meus filhos, meus amores, minhas vidas, Bernardo e Barbara.

Em minha jornada, fui atleta, balconista, atendente, vendedor, bacharel em Direito, corretor de imóveis, empreendedor e empresário. Aos meus 17 anos, trabalhei em uma loja de shopping, onde me apaixonei por vendas. Naquela época, sonhava em um dia poder ter minha própria loja.

Quase vinte anos depois, fundei a Metropolis Brokers, empresa que no Prêmio Conecta Imobi 2024 foi eleita como a melhor imobiliária do Brasil.

fernandomachadobroker

DO SONHO AO SUCESSO

@FERNANDOMACHADOBROKER

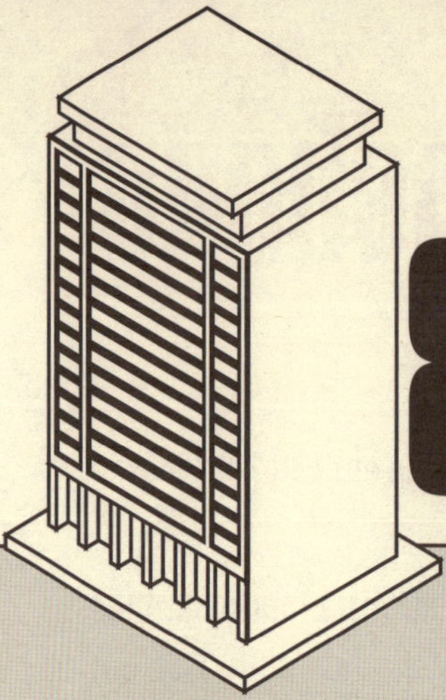

8 COMO CONSTRUIR UMA CARREIRA DE SUCESSO NO MERCADO IMOBILIÁRIO

Por Fernando Machado

Em janeiro de 2010, estava prestes a realizar o sonho de ser vendedor de uma grande loja de eletrodomésticos. Naquele dia, saí de casa para fazer o exame admissional. A data de início tinha sido marcada para a primeira semana de março e eu não poderia me dar ao luxo de ficar parado nesse período, por isso precisava encontrar um emprego temporário. No retorno da clínica, tinha como objetivo visitar a principal rua de comércios do centro de São Caetano do Sul/SP, onde era a sede da maior varejista do Brasil.

Andando de loja em loja, de repente, algo chamou muito a atenção. Parecia uma loja, mas tinha cara de escritório. Tudo era muito organizado, dava para perceber um padrão bem moderno e profissional. A fachada definia aquele lugar como uma imobiliária e, no cantinho da vitrine, tinha um detalhe precioso: “Contrata-se assistente de locação”.

Não entendia nada sobre esse ramo e, por isso, resolvi seguir meu caminho, deixando a curiosidade de lado. Na metade do caminho, um sentimento muito forte tomou conta do meu coração, eu precisava voltar e me candidatar para aquela vaga. Decidido, dei meia volta. No local, respirei fundo e entrei com a cara e a coragem. De forma simpática e objetiva, indaguei a recepcionista, informando que tinha interesse na vaga e questionando como faria para me candidatar. Na contrapartida, recebi de maneira curta e grossa a informação de que as candidaturas teriam que ser feitas por e-mail.

Eu me conheço e, naquele momento da minha vida, sabia que não me daria o trabalho de ir em uma *lan house*. Coloquei à prova minha persistência, tentei contornar a objeção, reforçando que amo vendas e se existia a possibilidade de conversar com o responsável, de presente recebi um cartão de visita com o endereço eletrônico.

Quando estava na calçada, uma mulher que observara toda a conversa, pediu para que a recepcionista me chamasse de volta, pegasse meu número de telefone e disse que qualquer novidade entraria em contato. Mais tarde, descobri que aquela mulher era, nada mais, nada menos, que a dona da empresa.

Saí de lá sem saber se iria dar certo ou não, mas estava com minha consciência tranquila, pois havia feito tudo que estava ao meu alcance. Antes mesmo de chegar na estação ferroviária, meu telefone tocou, era a gerente geral da imobiliária marcando uma entrevista para o dia seguinte. E, dois dias depois, comecei a trabalhar.

Em locação, encontrei uma equipe sem muita experiência e, por isso, não tinha muito em quem me espelhar. Notei que os colegas tentavam atender os clientes de maneira consultiva, mas não davam conta da demanda, consequentemente, os resultados não eram nada positivos. Em pouco tempo, pude compreender que, nesse negócio, a procura é muito maior que a oferta, eram muitos clientes para pouco imóvel. Por consequência, o jeito foi trabalhar de forma invertida, meu foco consistia em encaixar o imóvel para o cliente, não o contrário.

Para dar certo, precisava ter a confiança dos proprietários, apenas dessa forma teria a preferência nas negociações. Portanto, mantinha contatos constantes com cada um, a ideia era gerar reciprocidade. Já com os clientes interessados, ofertava os imóveis sempre com argumentos que ativassem os gatilhos da escassez e da urgência. Essa estratégia trouxe grandes resultados e me destaquei rapidamente.

Era final de fevereiro, precisava comunicar à empresa da minha saída. Estava bem dividido, por um lado estava gostando bastante; por outro, estava a poucos passos de trabalhar em uma empresa muito estruturada e que me proporcionaria uma série de benefícios. Minha consciência dizia que não era hora de arriscar, conversei com a minha gerente, deixei claro que estava gostando do ramo, mas dentre outras questões teria a oportunidade de trabalhar com vendas, que é o que eu amava fazer. Ela se mostrou chateada, desejou sorte e me pediu para trabalhar por mais uma semana, com o objetivo de treinar um novo integrante para o time.

No dia seguinte, logo que cheguei no escritório minha gerente me aguardava para uma reunião. Em nossa conversa, estava presente também a gerente de vendas, aconteceu algo inesperado, fui convidado a continuar na empresa e integrar o departamento comercial de vendas, o discurso era que agora eu poderia trabalhar com eles e fazendo o que amo, vender. Fui pego de surpresa, nem nos meus melhores sonhos imaginaria aquela possibilidade. De qualquer forma, a ideia de aceitar o convite era muito complexa, envolvia muita coisa e, por isso, solicitei uns dias para pensar. Tinha uma vontade muito grande de ficar, mas pensando racionalmente estaria trocando o certo pelo duvidoso.

Pelos corredores da imobiliária, já tinha ouvido a conversa de que os corretores de vendas ganhavam muito bem, mas essa informação não era exatamente o que determinaria a minha decisão. Era ambicioso, sonhava grande, queria conquistar o mundo, mas nunca gostei de fazer escolhas baseadas no dinheiro.

Sempre procurei estudar e me atualizar sobre vendas e, por um acaso ou interesse puro, encontrei em uma revista um artigo que contava a história de um português, corretor de imóveis que trabalhava em São Paulo, que construiu uma carreira de sucesso no mercado imobiliário. O texto trazia que, ao longo de mais de vinte anos de trabalho, ele acumulou uma legião de clientes. Era reconhecido como uma espécie de conselheiro de confiança dos seus clientes, que o recomendavam e geravam indicações e mais indicações. Para muitos, era tipo como o corretor da família.

Essa história divina e inspiradora me fez enxergar e idealizar que era possível, por meio de um trabalho de médio e longo prazos, construir uma carreira brilhante. Naquele momento, eu sabia exatamente o que queria, meu propósito de vida era construir uma carreira respeitável e de sucesso no mercado imobiliário. Inexplicavelmente, tinha a certeza de que seria uma jornada maravilhosa e daí troquei o tal certo pelo o então duvidoso. Eu me joguei de corpo e alma no mercado imobiliário.

No setor de vendas, encontrei uma equipe que aparentava ser mais experiente, mas, exatamente como diz o ditado "Quem vê cara, não vê coração", em poucos dias, pude perceber que o ambiente não era como imaginava. O departamento de vendas tinha uma dose muito alta de tensão, as pessoas eram de certa maneira dominadas pela ansiedade. O medo, a insegurança e a desconfiança faziam com que a negatividade estivesse presente em cada atitude, ou determinava a falta desta. Obviamente que emoções negativas são ingredientes muito comuns em qualquer profissão, ainda mais quando se trata de um ambiente comercial, mas confesso que na minha trajetória profissional nunca tinha convivido com aquilo de forma tão marcante.

Naquela época, já tinha experiência comercial suficiente para saber que negativismo e vendas não foram feitos um para o outro, não combinam. Também não concordava com a ideia de que vendedor precisa ser um cara muito positivo. Para mim, esses extremos, de alguma forma, flertam com os temerosos achismos do senso comum e podem perigosamente fazer com que as pessoas enxerguem coisas que só existem em suas próprias cabeças.

Presenciei situações em que a pessoa dizia ter visto monstros, em que existia apenas rosas. Por isso, sempre procurei e gosto de lidar com as circunstâncias do dia a dia de maneira mais equilibrada. Eu me defino como uma espécie de realista esperançoso. Procuro acreditar, mas não sou de criar expectativas, pois elas fazem com que nos percamos da realidade. Tenho comigo a convicção de essa é a melhor maneira de entregar um trabalho eficiente, transparente e baseado na confiança mútua.

Sendo assim, a realidade, naquele exato momento, me mostrava que existia apenas uma forma para que eu não "entrasse em parafuso" como a maioria dos colegas corretores. Para isso, seria necessário gerenciar muito bem minhas emoções e só tinha um jeito de fazer isso na prática, vendendo todos os meses. Com a realidade clara e traçada em minha mente, coloquei a esperança para trabalhar.

Para ganhar tempo, utilizei a técnica do espelhamento, imitando a forma e o jeito de atender daqueles colegas que tinham os melhores resultados, conforme ia me sentindo mais confiante, dava um pouco mais do meu tom, da minha cara. E, após um dado momento, passava a executar com a totalidade da minha identidade.

Compreendi, também, que ao contrário do que acontecia na minha função anterior, em vendas a oferta era muito maior do que a procura. Portanto, seria necessário atender os clientes de forma mais consultiva.

A maioria dos clientes iniciava a pesquisa de maneira ainda muito embrionária e a linha do tempo para fechamento ocorria mais a médio e longo prazos. Por isso, não poderia atropelar as coisas, teria que ter paciência.

Minha meta nos primeiros contatos se baseava em extrair informações claras, que me permitiriam ter a certeza das “razões e o tempo” de cada cliente. Defini que existiam clientes para hoje, amanhã e depois, e que seria a minha capacidade de lidar adequadamente com cada um e sua respectiva fase que determinaria o meu sucesso.

Pouco tempo depois, notei que minha carteira estava sendo bem construída. Na prática, estava sendo muito gostoso atender cada cliente de acordo com o seu próprio tempo, focando apenas entender para auxiliar, visando apenas à conexão e ao relacionamento sólido. O mais impressionante é que os clientes sentiam que no meu atendimento existia um baita interesse genuíno. Mesmo atuando com intencionalidade, nunca deixei com que minhas necessidades estivessem à frente do interesse dos meus clientes. Sempre tive o entendimento de que o foco não pode estar em vender, mas em ajudar o cliente a comprar. Por meio dessa mentalidade, fui campeão de vendas por oito anos consecutivos.

Nesses mais de quinze anos de carreira, nunca passei um mês sequer sem vender. Eu me tornei um conselheiro de confiança para os meus clientes e tenho uma carreira de respeito e sucesso no mercado imobiliário. Sou grato a mim pela coragem e todos os sacrifícios.

“

Fernando Machado

Entre o sonho e a realização, existe o tempo. Nele, não podemos nos perder. É preciso muita convicção. Portanto, sem conversa mole, lute.

”

Flávia Tiara

Olá, queridos leitores! Sou Flávia Tiara e quero compartilhar com vocês uma jornada de superação que começou há quase duas décadas. Aos 18 anos, uma gravidez inesperada despertou em mim a determinação de criar um futuro melhor. Com o apoio do meu esposo, iniciei minha carreira no mercado imobiliário em uma grande construtora na América Latina. O que começou como necessidade se tornou uma paixão ao ver a alegria de famílias realizando o sonho do lar próprio. Hoje, minha filha cursa Medicina, uma conquista que representa anos de esforço e dedicação. Acredito que o sucesso vai além das conquistas materiais; está em superar desafios e inspirar. Este capítulo convida você a conhecer essa trajetória transformadora.

flaviatiara.imoveis

+55 (27) 99922-1413

flaviatiara.com.br

DO SONHO AO SUCESSO

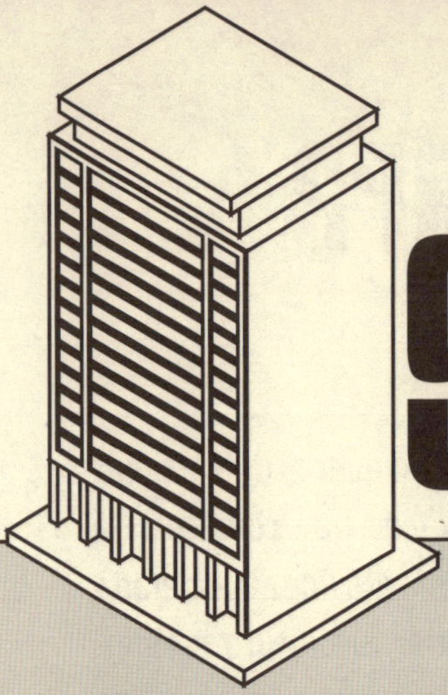

9 CONSTRUINDO UMA CARREIRA DE SUCESSO NO MERCADO IMOBILIÁRIO

Por Flávia Tiara

Este capítulo é um guia inspirador, que mostra como o sucesso é uma conquista que exige esforço, dedicação e estratégia. Nele, destaco as etapas essenciais para prosperar em um mercado competitivo, desmistificando a ideia de que a sorte é o único fator de sucesso. Convido você a embarcar comigo nessa caminhada de autodescoberta e aprendizado, desvendando juntos as chaves do sucesso.

Meu maior orgulho é ser a ponte que conecta pessoas aos seus sonhos, transformando cada lar em um novo capítulo de suas histórias.

Construir uma carreira de sucesso é uma jornada cheia de desafios, aprendizados e conquistas. Cada passo é moldado por nossas escolhas, por nossas atitudes e, principalmente, pela paixão que colocamos em nosso propósito. Entretanto, a trajetória de um profissional imobiliário é repleta de desafios e um dos principais obstáculos é a volatilidade do mercado. A economia, as taxas de juros, a oferta e demanda dos imóveis, tudo isso pode mudar rapidamente, afetando diretamente as vendas e a estabilidade da empresa. Assim, é crucial que os profissionais do mercado estejam sempre atualizados com as mudanças do mercado e se adaptem às novas circunstâncias.

Outro desafio considerável é lidar com as expectativas dos clientes. Nesse contexto, a interseção entre as habilidades técnicas e a capacidade de entender e atender as necessidades do cliente se torna um pilar fundamental para o sucesso.

Acredite, em uma carreira de sucesso, é de extrema relevância a transparência em todas as etapas do trabalho. Seus clientes desejam se sentir seguros e informados sobre as decisões que estão tomando. Um profissional imobiliário de sucesso é aquele que não apenas apresenta opções de imóveis (o famoso tirador de pedido), mas o que fornece informações detalhadas e honestas sobre cada negociação, esclarecendo possíveis riscos e vantagens. Ao colocar as expectativas dos clientes como centro das estratégias, não apenas geramos confiança, mas também contribuímos para o fortalecimento da reputação profissional.

O sucesso de um corretor de imóveis não se mede apenas pelas vendas, mas pela confiança e segurança que ele oferece a cada cliente. A verdadeira vitória está em transformar um imóvel em um lar.

Cultive relacionamentos

Construa uma rede sólida e ativa. No mercado imobiliário, relacionamentos são essenciais. Participe de eventos do setor, como feiras, conferências e *workshops*, para conhecer outros profissionais, clientes e mentores. Use plataformas sociais, como LinkedIn e Instagram, para expandir sua rede e interagir com pessoas influentes. *Networking* pode abrir portas, fornecer oportunidades e oferecer apoio. Lembre-se: o sucesso não é linear e uma rede de apoio pode fazer a diferença nos momentos de incerteza.

Desenvolva habilidades

Inove e aprenda continuamente. O mercado imobiliário está em constante transformação. Invista em educação e desenvolvimento profissional, incluindo cursos, treinamentos e certificações, além de se atualizar sobre tendências e legislações. A inovação não ocorre apenas em grandes empresas; começa em você, quando se propõe a aprender algo novo. Habilidades de negociação e comunicação são essenciais no mercado imobiliário. Pratique a escuta ativa, compreenda as necessidades dos clientes e estabeleça uma comunicação transparente. Aprofunde-se em técnicas de negociação para construir confiança e alcançar resultados positivos. Essas habilidades não apenas aumentam sua eficácia, mas fortalecem sua reputação. A seguir, algumas sugestões.

- **Empatia**: colocar-se no lugar do outro é essencial. Quando conseguimos entender profundamente as necessidades e as motivações de nossos clientes e parceiros de trabalho, cultivamos não apenas um ambiente de colaboração e saudável, mas também construímos laços de confiança.

- ***Dress code*:** no mercado imobiliário, uma apresentação impecável é sinônimo de profissionalismo e é fundamental para conquistar a confiança dos clientes. A escolha de uma vestimenta adequada não apenas eleva sua credibilidade, mas também molda a percepção de que os clientes têm de você. Investir na sua aparência é investir no seu sucesso.
- **Comunicação não verbal:** fique atento à sua linguagem corporal: uma postura confiante e um sorriso transmitem segurança. A comunicação não verbal se refere à troca de informações sem o uso de palavras, por meio de gestos, expressões faciais, posturas e tom de voz. É uma ferramenta poderosa nas interações humanas, capaz de transmitir emoções e intenções de forma mais autêntica. Compreender essa linguagem silenciosa aprimora relacionamentos, promovendo entendimento mais profundo e evitando mal-entendidos.
- **Ouvir é a chave da negociação:** entender e compreender as necessidades do cliente é essencial para o sucesso. Quando você se dedica a escutá-lo ativamente, demostra respeito e atenção para com ele. Isso cria um ambiente de confiança, permitindo que você identifique as prioridades e as preocupações do seu cliente, possibilitando a personalização das suas propostas e antecipando as objeções. Entender as necessidades dos clientes aumenta não só as chances de fechar negócio, mas também constrói um relacionamento duradouro que pode promover indicações futuras e oportunidades recorrentes.
- **Técnicas de persuasão:** use dados de vendas, histórias emocionantes e benefícios de forma convincente.
- **Preparação e pesquisa:** estude o perfil do cliente antes de qualquer encontro para adaptar sua abordagem.

Essas habilidades ajudam a criar relacionamentos duradouros e respeitosos, um diferencial essencial para o sucesso no longo prazo.

Estratégia de marketing pessoal e *branding*

Sua imagem é fundamental para atrair clientes e oportunidades. Defina sua marca pessoal identificando suas habilidades e seus valores únicos. Mantenha uma presença ativa nas redes sociais, como Instagram e LinkedIn, compartilhando conteúdo relevante e criando um portfólio profissional.

Foco no desenvolvimento contínuo

O mercado imobiliário é dinâmico; permanecer relevante exige um compromisso com o aprimoramento. Busque mentores que possam orientar e dar *feedbacks*, dedique-se à leitura e reavalie suas metas regularmente. Autoavaliações ajudam a refletir sobre conquistas e desafios, impulsionando o crescimento contínuo.

- **Resiliência:** o caminho para o sucesso não é linear, ele é repleto de desafios e reveses que testam nossa determinação. A verdadeira resiliência é a capacidade de transformar os erros em lições e seguir em frente com mais força. Quando confrontado com a dificuldade, faça-se a seguinte pergunta: "O que eu posso aprender com isso?". Esse questionamento não apenas fortalece seu caráter, mas também o prepara para enfrentar as próximas etapas da sua jornada com confiança renovada. Ao cultivar a resiliência, você não apenas supera obstáculos, mas também transforma cada um deles em uma oportunidade valiosa de crescimento e autodescoberta.
- **Paixão:** nunca esqueça da paixão. O que o impulsiona a levantar todos os dias com vontade de fazer a diferença? É essa energia que transforma desafios em oportunidades e inspira aqueles ao seu redor. Abrace essa chama e deixe que ela guie sua trajetória. Portanto, reconheço que o combustível para minha jornada profissional vem de algo profundo e intrínseco, a afeição pelo que faço. Essa paixão é um fio condutor que entrelaça habilidades, experiências e emoções, transformando cada dia em uma nova chance de não apenas alcançar objetivos, mas de deixar um legado duradouro.

A busca por novos horizontes é indeterminável e eu estou aqui preparada e ansiosa para abraçar tudo o que o futuro tem a oferecer, sempre impulsionada pela chama vibrante que me move.

Cada trajetória traz histórias de superação e inspiração. Lembre-se de que cada passo tem um significado profundo. Acredite em si mesmo e nunca tema sonhar grande. O sucesso é reservado a quem trabalha com coragem e determinação. Seja autêntico, persistente e confiante; a verdadeira força está em sua fé inabalável.

Não existe fórmula mágica

Embora não haja fórmula mágica, a combinação desses itens pavimenta o caminho para grandes conquistas. No mercado imobiliário ou em qualquer área, o sucesso exige dedicação, planejamento e persistência. No final, o verdadeiro sucesso vai além dos resultados financeiros, trata-se de impactar positivamente o mundo ao seu redor e encontrar realização pessoal.

Cultive relacionamentos autênticos e trate cada cliente com atenção. O sucesso é o resultado de dedicação contínua, aprendizado constante e uma mentalidade de crescimento. Cada passo o aproxima dos seus objetivos.

O sucesso vai além das vendas; está em cada vida que tocamos positivamente com os imóveis que oferecemos, transformando sonhos em realidade e lares em memórias inesquecíveis.

Lembre-se: você é sua melhor marca. O sucesso vai além de cargos ou rendimentos; é sobre crescer, impactar e desfrutar da jornada. Comece com confiança, pois ela é a base para transformar possibilidades em realidades. Implementar essas estratégias não apenas destacará você do mercado, mas criará laços mais fortes com seus clientes, resultando em crescimento sustentável e reputação de uma construção sólida.

Ao concluir esta leitura, é importante gravar em seu coração esta mensagem poderosa: o verdadeiro sucesso pertence àqueles que lançam em seus sonhos. Portanto, levem consigo uma missão especial: abraçar o sonho, ater-se à ação e persistir com fervor. Que cada passo dado, cada decisão tomada, por menor que pareça, seja um tijolo na construção da sua realização. O poder de transformar sua vida está em suas mãos. A hora é agora, acredite, persevere e veja seus sonhos se tornarem realidade. O melhor capítulo da sua vida ainda está por vir. O futuro que você deseja começa agora!

Flávia Tiara

“Não é sobre vender imóveis, mas sobre fazer parte dos sonhos de outra pessoa.”

Francis Costa

Francis Costa é uma ex-comissária de voo, que atua há mais de dez anos no mercado imobiliário. Sempre foi uma apaixonada por educação corporativa. Atualmente, atua como mentora de corretores de imóveis, ajudando-os a alcançar o sucesso por meio da gestão exclusiva e das parcerias imobiliárias como modelo de negócios rentáveis.

Com uma visão prática e focada em resultados, Francis inspira profissionais do mercado imobiliário a construírem uma carreira sólida, escalável e com previsibilidade de faturamento.

Sua missão é transformar a forma como os corretores se posicionam no mercado, oferecendo estratégias que garantem mais segurança, crescimento constante na profissão e reconhecimento num mercado extremamente competitivo.

corretorafranciscosta

+55 (11) 97114-5454

Francis Costa

DO SONHO AO SUCESSO

10 A EXCLUSIVIDADE E A PARCERIA IMOBILIÁRIA COMO MODELO DE UM NEGÓCIO RENTÁVEL

Por Francis Costa

No mundo do mercado imobiliário, existe uma divisão clara entre aqueles que atuam no tradicional mercado aberto e os que se especializam na representação exclusiva. Se você é corretor de imóveis, provavelmente já experimentou as dores e os desafios do mercado aberto: a competição desenfreada, o investimento de tempo e recursos sem garantia de retorno e a constante sensação de que está lutando para ganhar espaço em um terreno de todos, mas de ninguém ao mesmo tempo. Neste capítulo, vamos explorar porque o modelo de representação exclusiva pode ser a chave para transformar sua carreira, levando-a a um patamar de excelência e sucesso sustentáveis.

Uma profissão valorizada ou apenas mais um intermediário?

Quando você pensa sobre a sua trajetória no mercado imobiliário, como se vê? Como um consultor especializado, respeitado pelos clientes e conhecido pela sua capacidade de fechar negócios estratégicos? Ou como mais um intermediário, em uma longa fila de corretores, tentando convencer proprietários e compradores em um cenário de concorrência feroz?

No modelo tradicional, sem contratos de exclusividade, é comum que o corretor se sinta desvalorizado. Muitos proprietários, ao optarem pelo mercado aberto, acabam encarando o corretor apenas como uma peça descartável, um facilitador que está lá para aumentar as chances de venda por volume, sem considerar a qualidade do serviço prestado. Isso cria um ciclo desgastante: você investe tempo, recursos e esforço para promover o imóvel, apenas para descobrir que outro corretor, com uma abordagem menos cuidadosa, conseguiu fechar o negócio antes de você.

No entanto, ao migrar para o modelo de representação exclusiva, você inverte essa lógica. A exclusividade transforma o corretor de um agente de volume de captação para um verdadeiro consultor de confiança.

Ao assumir a responsabilidade integral sobre a venda de um imóvel, você não está apenas ajudando a fechar um negócio – está oferecendo um serviço de alta qualidade, com foco total na melhor estratégia para cada cliente. Nesse contexto, seu trabalho ganha valor. Você deixa de ser apenas um número e passa a ser visto como um profissional que realmente faz a diferença.

O poder do foco e da dedicação

Imagine a seguinte situação: você tem uma carteira de duzentos imóveis para vender. No modelo aberto, cada um desses imóveis está sendo anunciado por, no mínimo, outros cinco corretores diferentes. Isso significa que, mesmo com todo o seu esforço, a chance de fechamento pode estar fora do seu controle.

As informações sobre o imóvel podem ser divergentes, o marketing pode ser inconsistente e, muitas vezes, o proprietário, ansioso para vender rapidamente, estará disposto a baixar o preço ou aceitar condições que não favorecem o trabalho do corretor.

Agora, imagine que, em vez de duzentos imóveis, você tem uma carteira de vinte imóveis – todos exclusivos. Nesse cenário, você conhece cada um desses imóveis profundamente. Você pode criar campanhas de marketing personalizadas, investir em estratégias de mídia digital, fazer um acompanhamento detalhado de cada *lead* interessado e ajustar sua abordagem conforme o *feedback* do mercado. Não há concorrência interna. Não há risco de perder a venda para outro corretor com uma estratégia agressiva de desconto no valor da comissão. Todo o seu foco e energia estão direcionados para o sucesso daqueles vinte imóveis e a recompensa é toda sua.

A gestão exclusiva permite que você construa estratégias reais, baseadas em um conhecimento profundo do imóvel e do mercado, e crie uma experiência personalizada para cada proprietário. Quando você se torna o representante exclusivo de um imóvel, cada vitória é sua. Cada cliente satisfeito é uma indicação futura. Cada venda é uma afirmação do seu valor como profissional.

Controle e autonomia: a chave para o sucesso

No mercado aberto, o controle está fora de suas mãos. Os proprietários podem mudar de ideia, decidir trabalhar com outro corretor, alterar o preço do imóvel de forma repentina ou cancelar uma negociação sem aviso prévio. Isso gera uma incerteza constante que prejudica tanto o seu planejamento quanto a sua confiança.

O modelo de representação exclusiva é, acima de tudo, sobre autonomia. Com a exclusividade, você tem liberdade para definir o melhor caminho para cada venda, sem a pressão de concorrentes ou do proprietário questionando cada passo. Você se torna um verdadeiro gestor de negócios, capaz de decidir como e quando cada etapa do processo será conduzida. Isso não só aumenta as chances de sucesso, mas também proporciona um controle emocional e financeiro muito maior. Em vez de viver à mercê das circunstâncias, você se torna o capitão do seu próprio barco.

Construção de uma marca sólida e reconhecida

Corretores que trabalham no mercado tradicional enfrentam um desafio constante: como se diferenciar em um oceano de opções? Como construir uma reputação sólida e ser lembrado pelos clientes? A verdade é que, no mercado aberto, a percepção é de que todos os corretores são iguais, já que não há um diferencial claro. Quem vende o imóvel é, muitas vezes, uma questão de sorte ou circunstância.

No entanto, ao abraçar a exclusividade, você começa a construir uma marca pessoal e profissional diferenciada. Você passa a ser conhecido como o corretor que oferece um serviço completo e de alta qualidade, que vai além do básico e que entrega resultados consistentes. Proprietários e compradores reconhecem a seriedade e o comprometimento de quem trabalha com exclusividade. O resultado? Mais confiança, mais indicações e uma base de clientes recorrente que valoriza o seu trabalho.

Migrar para o modelo de representação exclusiva é, acima de tudo, uma mudança de mentalidade. É sair da lógica da captação em volume e da concorrência desleal e abraçar a lógica da qualidade, da personalização e do comprometimento. É entender que, ao focar menos imóveis, mas de forma mais eficaz, você maximiza suas chances de sucesso e se torna um profissional que realmente agrega valor ao mercado.

O poder da parceria imobiliária

Na vida existe um ditado antigo que diz: "Se você quer ir rápido, vá sozinho; se você quer ir longe, vá acompanhado". Para muitos corretores, a ideia de trabalhar sozinho, guardando cada cliente e cada imóvel como um segredo valioso, ainda é dominante. No entanto, essa abordagem solitária limita o potencial de crescimento e coloca uma enorme pressão sobre o profissional. Uma parceria estratégica pode ser o fator decisivo entre uma carreira instável, cheia de altos e baixos, e um negócio previsível, escalável e duradouro.

Quando você trabalha sozinho, o sucesso é determinado apenas pelos seus próprios esforços, contatos e disponibilidade de tempo. Por mais competente e dedicado que seja, há um limite para o que um corretor solitário pode alcançar. A instabilidade financeira é um fantasma constante, assim como o medo de que o próximo mês não traga os resultados esperados. E se o mercado esfriar? E se os *leads* não vierem? E se um cliente importante desistir na última hora? As variáveis são muitas e, no final, tudo parece uma questão de sorte.

Ao estabelecer parcerias, você cria uma rede de apoio que reduz essas incertezas. Parcerias diluem riscos e ampliam as oportunidades de negócio. Em vez de depender unicamente do seu próprio fluxo de *leads*, você passa a contar com um fluxo constante de oportunidades que chegam de diversas fontes. A previsibilidade aumenta e você começa a construir uma base sólida de negócios, em que a incerteza dá lugar a um plano de crescimento sustentável.

Um corretor, por mais experiente que seja, possui uma rede de contatos limitada. É humanamente impossível estar em todos os lugares ao mesmo tempo, conhecer todas as oportunidades e ter acesso a cada proprietário ou potencial comprador. A parceria, nesse contexto, é um multiplicador de alcance. Ao unir forças com outros corretores ou imobiliárias, você expande sua rede de contatos exponencialmente.

Imagine que você tem um imóvel exclusivo que não está conseguindo vender. Sozinho, suas opções de divulgação são restritas ao seu próprio marketing e aos seus contatos diretos. Mas, se você trabalha em parceria, esse imóvel se torna parte de uma rede maior. Outros corretores podem apresentar o imóvel aos seus clientes e redes, aumentando as chances de encontrar o comprador ideal. Isso não só acelera o processo de venda, mas também aumenta a percepção de valor do imóvel, já que ele passa a ser divulgado por múltiplos profissionais, com campanhas e abordagens diferentes, mas coordenadas.

A parceria como um pilar de crescimento escalável

Crescer sozinho no mercado imobiliário é um processo lento, desgastante e, muitas vezes, cheio de obstáculos. Mas, quando você se une a outros profissionais, o crescimento se torna mais orgânico, escalável e sustentável. Cada parceria bem-sucedida é uma oportunidade para ampliar a sua rede, conhecer novas áreas de atuação, diversificar seu portfólio e conquistar clientes que, antes, pareciam inatingíveis.

A previsibilidade, que é a base para qualquer negócio de sucesso, surge naturalmente quando há um fluxo contínuo de *leads* e oportunidades que chegam de diversas fontes confiáveis. Em vez de depender exclusivamente de seus próprios esforços, você começa a construir um sistema de geração de negócios, em que cada parceiro contribui e fortalece a estrutura como um todo.

O mercado imobiliário está cada vez mais competitivo e complexo. Seu sucesso está ao seu alcance: aposte na representação exclusiva e nas parcerias para escalar seu negócio. Com essas estratégias, você não apenas ganha, mas cresce de forma consistente e sustentável. Acredite no seu potencial e construa uma carreira de destaque no mercado imobiliário, conquistando mais clientes e mais previsibilidade financeira. Faça do seu trabalho um exemplo de excelência e referência no setor!

Essa transição exige coragem, planejamento e muita confiança no seu próprio potencial como corretor de imóveis. É um convite para construir uma carreira sólida, baseada em relações duradouras e resultados concretos.

Francis Costa

“É sair da lógica do volume e da concorrência desleal e abraçar a lógica da qualidade, da personalização e do comprometimento.”

Giorgia Vilasbôas

Meu nome é Giorgia Vilasbôas, sou corretora de imóveis e mentora de mulheres que desejam prosperar no mercado imobiliário. Após quinze anos atuando como empresária no ramo da moda e três falências que me ensinaram duras lições, encontrei na adversidade forças para me reinventar.

Estudei profundamente o poder do posicionamento e, ao ingressar no mercado imobiliário, apliquei esse conhecimento para me destacar. Como especialista, alcancei, em um ano, uma marca impressionante de 22 milhões em valor geral de vendas (VGV), utilizando as redes sociais como aliadas.

Neste capítulo, revelo o caminho para você se tornar uma especialista, atrair clientes e transformar seus resultados no competitivo mercado imobiliário.

giorgiavilasboas

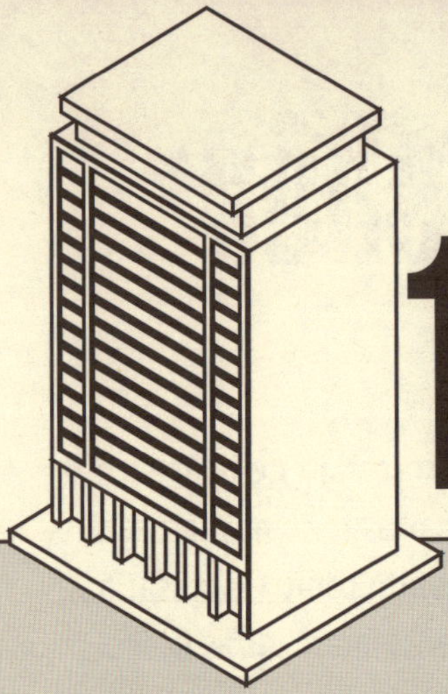

11 O PODER DE SER ESPECIALISTA NO MERCADO IMOBILIÁRIO

Por Giorgia Vilasbôas

Minha jornada de reinvenção

Minha trajetória no mercado imobiliário começou em um contexto de reinvenção profunda. Após o encerramento de três empresas no ramo de roupas, eu me vi em uma situação de reconstrução, tanto pessoal quanto profissional. O mercado imobiliário surgiu como uma alternativa que inicialmente parecia improvável, mas foi a única saída viável em um momento em que não havia espaço para erros.

Essa nova oportunidade me colocou em um terreno inexplorado, em uma nova cidade e sem conexões sólidas. Sabia que o tempo não estava a meu favor; eu precisava de resultados rápidos. Ao olhar para a vastidão do mercado imobiliário, com suas inúmeras áreas, perfis de clientes e tipos de imóveis, percebi que tentar cobrir todas as frentes não era uma opção. A saída? Especialização.

Foi a decisão de me especializar em um nicho específico de imóveis que se mostrou uma das mais acertadas da minha carreira. Concentrei-me em imóveis de veraneio e me dediquei a conhecer todos os detalhes desse segmento, o que acabou gerando não só uma aceleração nas vendas, mas também aumentou minha reputação como referência. Em menos de um ano, minha estratégia me rendeu R$ 22 milhões em vendas e um posicionamento único no mercado.

Cenário atual do mercado imobiliário e a importância da especialização

Hoje, o mercado imobiliário segue carregando crenças e preconceitos internos, muitos dos quais podem limitar o potencial de crescimento dos profissionais. Um dos maiores preconceitos é a ideia de que se especializar em um único produto ou segmento reduz as oportunidades de negócios. A lógica, para muitos, é que diversificar os tipos de imóveis oferecidos ampliaria as chances de sucesso. Contudo, na prática, percebi que essa abordagem mais ampla dilui o posicionamento e dificulta a construção de uma marca pessoal forte.

A especialização não representa limitação; na verdade, ela abre portas. Ela comunica autoridade e confiança, valores que os clientes buscam em um corretor. Quando um cliente está em busca de um imóvel específico, ele quer ter a certeza de que o profissional que o atenderá realmente entende as particularidades daquele mercado. A especialização se torna, então, um diferencial competitivo, um caminho para conquistar a confiança dos clientes e torná-los mais propensos a fechar negócios.

Especialização para atrair clientes pela internet

Ser especialista no mercado imobiliário é crucial para atrair seguidores engajados e qualificados pelo Instagram. Quando você foca um nicho específico, o algoritmo capta melhor o perfil do cliente que deseja atingir, identificando suas preferências e interações de forma mais precisa. Isso faz com que o Instagram trabalhe a seu favor, mostrando seu conteúdo para potenciais clientes que realmente têm interesse no que você oferece, gerando *leads* mais quentes. Por outro lado, uma abordagem genérica confunde o algoritmo, pois ele não consegue entender exatamente para quem o seu conteúdo deve ser mostrado. Esse é um dos principais motivos pelos quais muitos corretores acabam atraindo *leads* frios, que não estão prontos para fechar negócios.

Uma das técnicas que aprendi e apliquei foi o uso de gatilhos visuais e emocionais nos *posts*, como a criação de uma oferta irresistível. Percebi que a primeira impressão de um *post* influencia diretamente o engajamento. Ser constantes nas cores, títulos e chamadas precisam ser impactantes, para que o cliente se interesse pelo conteúdo. Adotei uma abordagem mais visual e dinâmica e, assim, criei uma espécie de "marca registrada" para minha presença digital. Em pouco tempo, o algoritmo passou a entender que meu perfil era uma referência naquele nicho e começou a destacar meus conteúdos, aumentando significativamente a minha visibilidade.

A consequência da especialização e os resultados

A combinação de uma presença digital sólida com um posicionamento claro como especialista trouxe resultados expressivos. Em apenas um ano, alcancei R$ 22 milhões em vendas, um número impressionante para qualquer corretor, mas especialmente para alguém que, até então, era nova na cidade e na profissão. A chave desse sucesso foi a constância: clientes qualificados começaram a me procurar com frequência, e o fluxo de *leads* se tornou contínuo.

Cada nova venda e cada novo cliente me trouxeram mais aprendizados e me fizeram perceber que estava construindo uma metodologia replicável. Com o tempo, vi que os desafios que eu enfrentava eram comuns a outros corretores e isso me levou a desenvolver um método que hoje ensino aos corretores que desejam dobrar seus resultados. Esse método, eu chamo de Porção Dobrada e é estruturado em três pilares fundamentais, cada um deles voltado para resolver um aspecto importante da jornada de vendas.

Os três pilares do Método Porção Dobrada

1. <u>Posicionamento *quantum*</u>

Mesmo pequeno, você é único! O posicionamento é o que coloca o corretor na mente do cliente como a primeira e única escolha. Ser visto como especialista exige mais do que visibilidade; é preciso entregar conteúdo de valor, apresentar-se de forma profissional e consistente e comunicar uma imagem sem ruídos ao cliente. Quem se posiciona bem em um nicho é lembrado, procurado e recomendando como referência.

No meu caso, o posicionamento focado em um nicho específico facilitou minha comunicação e me fez construir uma autoridade autêntica. Em vez de competir com outros corretores em todas as frentes, passei a ser procurada por quem já tinha interesse naquele tipo de imóvel. Isso me economizou tempo, aumentou minha eficiência e trouxe clientes realmente prontos para comprar.

2. Criação de ofertas irresistíveis

Uma vez que o posicionamento está claro, o próximo passo é desenvolver ofertas que realmente façam o cliente sentir que aquele imóvel foi feito sob medida para ele.

Em apenas 24 horas, alcancei a marca de R$ 30 mil em comissão ao aplicar uma oferta irresistível, estruturada em três pilares essenciais. Primeiro, escolhi um produto alinhado ao nicho em que já estou posicionada no mercado imobiliário, o que me permitiu falar com um público que reconhece e valoriza minha especialidade. Em seguida, desenvolvi um *script* poderoso baseado nos 4 Us.

- Ser **útil**, criando um conteúdo que ofereça informações relevantes e práticas para o cliente.
- Trazer **urgência**, estabelecendo um prazo ou condição especial que impulsione o cliente a agir rápido.
- Ser **ultraespecífico**, destacando os detalhes do imóvel e os benefícios exclusivos para aquele público.
- E, finalmente, garantir uma abordagem **única**, diferenciando minha oferta de qualquer outra disponível no mercado.

Com o vídeo pronto, utilizei a gestão de tráfego pago para impulsioná-lo, configurando o anúncio para engajamento e atraindo um volume significativo de mensagens e conversas no WhatsApp com *leads* qualificados e com alta intenção de compra. Essa estratégia direcionada é um verdadeiro diferencial para transformar seguidores em clientes prontos para fecharem negócios. O resultado foi o que citei, dois imóveis vendidos em menos de 24 horas.

3. Otimização do atendimento com a técnica de anti-objeção

A técnica de anti-objecção é um dos aspectos mais poderosos do método. Trata-se de estar preparado para responder a objeções de forma fluida, natural e proativa. Um corretor que domina essa técnica reduz a resistência do cliente e torna o processo de compra muito mais eficiente.

Na prática, isso significa se antecipar às dúvidas comuns. Quando o cliente vê que o corretor já tem respostas para suas preocupações, a confiança aumenta e a negociação se torna mais tranquila. Um dos segredos da anti-objecção é fazer com que o cliente sinta que ele está sendo compreendido e guiado e não pressionado.

Esses três pilares, aliados a uma boa gestão de tráfego e à criação de conteúdo estratégico, formam um sistema poderoso que facilita a atração de clientes quentes e diferencia o corretor no mercado. A consequência é a criação de uma marca forte, capaz de gerar vendas de forma escalável e sustentável.

Superando o preconceito e adotando a especialização

A decisão de se especializar ainda é vista como arriscada por muitos, mas minha experiência mostra que, ao se posicionar como especialista, você não limita as oportunidades, mas fortalece seu alcance. Especializar-se é construir uma carreira com base sólida, uma reputação confiável e uma conexão autêntica com o cliente.

Além disso, a especialização permite um foco maior em estratégias de marketing e em comunicação dirigida, o que faz com que o corretor se torne a principal escolha para o cliente interessado naquele segmento específico. A sensação de clareza e confiança que a especialização traz ao trabalho é perceptível e isso se reflete nas interações com os clientes e nas taxas de fechamento de negócios.

Para você, corretor ou corretora que está lendo este livro, quero deixar uma mensagem: abrace a especialização. Ao definir um nicho e focá-lo, você estabelece uma base de confiança com os clientes e sua presença on-line se fortalece.

Não tenha receio de restringir seu campo de atuação; ao contrário, veja isso como uma oportunidade de se diferenciar. Comece identificando um nicho específico, dedique-se a conhecê-lo profundamente e aplique os três pilares que compartilhei aqui. Trabalhe seu posicionamento, crie ofertas irresistíveis e pratique a técnica de anti-objeção. Com esses elementos, você pode construir uma trajetória de sucesso no mercado imobiliário.

Essa decisão transformou a minha carreira e pode fazer o mesmo pela sua. O mercado imobiliário oferece infinitas possibilidades, mas um caminho para se destacar e alcançar uma posição de liderança é a especialização.

“

Giorgia Vilasbôas

A especialização pode parecer um desafio, mas é o caminho mais rápido e sólido para o corretor de imóveis se posicionar e crescer.

”

Giovana Lolli

Eu sou Giovana Lolli, nascida no interior de São Paulo, corretora de imóveis de alta performance. Mãe do José Victor, sogra da Vitória e avó do Rael. Após minha união com José Ricardo, assumi uma nova missão de vida: ser a "mãedrasta" da Mia, do Tomás e do Caetano, uma causa nobre que abracei com amor.

Nas minhas veias, sempre correu o empreendedorismo. Com apenas 19 anos, abri minha primeira empresa. Embora tenha sido um sucesso, novos desafios me levaram ao mercado imobiliário, onde encontrei minha verdadeira paixão. Superei grandes obstáculos e me reinventei nessa nova profissão. Trabalhei em grandes empresas renomadas, ganhei vasta experiência no ramo imobiliário e acumulei vinte anos de trajetória, milhões em valor geral em vendas (VGV) e centenas de famílias impactadas com a realização do sonho da casa própria.

giovanalolli
+55 (13) 99729-5949
giovanalolli

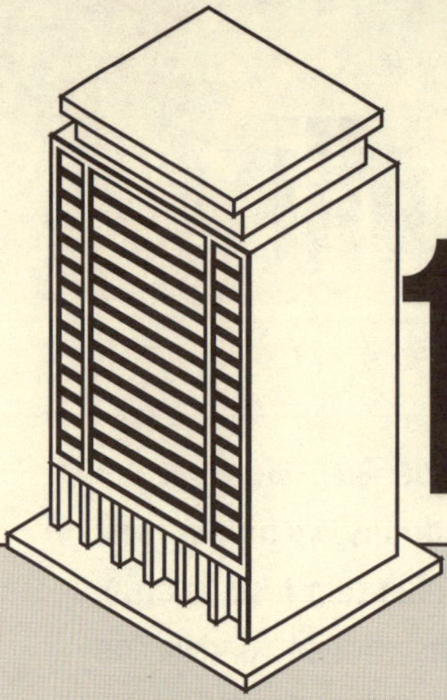

12 DESENVOLVENDO UM OLHAR CRÍTICO NAS AVALIAÇÕES IMOBILIÁRIAS

Por Giovana Lolli

Eu era uma menina simples e cheia de sonhos. Minha história poderia ser apenas mais uma, se não fosse minha incansável vontade de transformar sonhos em realidade. Nasci em uma pequena fazenda na região de Itápolis, uma cidade interiorana de São Paulo da qual talvez você nunca tenha ouvido falar, mas o convido a embarcar nesta história. Em meados dos anos 70, vivíamos com poucos recursos. Eu era a mais velha entre dois irmãos e me lembro da primeira TV, em preto e branco, entrando em nossa casa. Era o início de uma nova era.

Dos três filhos da Dona Marlene, eu era a mais sonhadora. Foram esses sonhos que me levaram a superar limites e a trilhar o caminho do sonho ao sucesso. Talvez hoje eu possa inspirar a sua vida. Mas, para ir de uma garota do interior à profissional de hoje, houve muitos obstáculos, uma jornada entre vitórias e decepções. Como na música do Cidade Negra: "Você não sabe o quanto eu caminhei pra chegar até aqui. Percorri milhas e milhas antes de dormir, eu nem cochilei".

Taxada de sonhadora por muitos que não acreditavam que eu poderia chegar tão longe, enfim encontrei meu lugar no mercado imobiliário, um setor desafiador e competitivo, mas pelo qual me apaixonei profundamente. Foi um início tão difícil quanto desafiador. Eu estava começando uma nova vida, em uma cidade que mal conhecia, com uma empresa falida, muitas dívidas e um filho pequeno nos braços. Ali começava uma nova história.

Dizem que Deus coloca anjos em nossas vidas e lá estava eu, frente a frente com o meu. Eu havia conhecido Cláudio em uma ocasião no mercado imobiliário, mas jamais poderia me imaginar dentro desse contexto.

Era algo muito diferente de tudo que já havia feito e quando ele me convidou para iniciar como corretora de imóveis na empresa dele, confesso que pensei: "Isso não é para mim". Mas, como mantive meu espírito empreendedor, aquela menina sonhadora, lá do interior, começou a gritar dentro de mim. Ouvi-lo dizer que eu me encaixaria perfeitamente nesse novo desafio, que tinha "todo o perfil", fez brilharem meus olhos e logo acreditei.

Até aquele dia, "pé direito" não passava de um pé grande. Eu realmente não tinha a menor noção e, com o novo desafio, surgiu a primeira barreira: conquistar a confiança dos clientes.

Sem histórico de vendas e sem uma rede sólida de contatos, tive que me reinventar e quebrar as barreiras da profissão. Logo ingressei no curso profissionalizante e passava noites lendo e absorvendo o máximo de conteúdo possível.

Construir uma carreira do zero exigia muito esforço e paciência. Outro ponto difícil era lidar com a incerteza financeira. Como corretora, eu dependia de comissões, mas, logo no início, novamente a vida sorriu para mim e eu realizei minha primeira venda. Descrever a alegria de romper barreiras era imensurável e comprovar resultado a quem havia me dado uma oportunidade foi grandioso.

Era uma época em que as imobiliárias nem sequer tinham *sites*, a tecnologia estava apenas começando e os anúncios eram feitos nos jornais locais. Todo o processo de financiamento era feito manualmente; quem dera fosse fácil como hoje.

Eu me especializei em avaliação de imóveis e isso vai muito além de atribuir um número; é um exercício de técnica, visão e empatia. Com o passar dos anos, aprendi que cada imóvel carrega não só características físicas, mas também sonhos, expectativas e histórias de vida. A importância de uma avaliação correta é essencial, tanto para quem está vendendo um espaço cheio de memórias quanto para quem vê nele um novo lar ou investimento. Esse trabalho exige não só conhecimento técnico, mas também um entendimento profundo das nuances de cada imóvel e transação. Vamos seguir abaixo alguns tópicos importantes que fazem a diferença.

A natureza dinâmica do mercado imobiliário

O mercado imobiliário é extremamente volátil. Mudanças econômicas, taxas de juros e políticas públicas podem alterar o cenário da noite para o dia, afetando diretamente o valor dos imóveis. A cada movimento do mercado, precisamos reajustar nosso olhar, considerando todos esses elementos. Avaliar um imóvel sem levar esses fatores em conta seria como tentar capturar a superfície de um lago sem observar o que acontece debaixo d'água. Por isso, é necessário desenvolver uma sensibilidade para captar o contexto econômico de cada avaliação, algo que só se adquire com experiência e atualização constante.

Parâmetros de avaliação: o que realmente conta?

Um dos maiores desafios de nós, profissionais capacitados, é conciliar os parâmetros técnicos com a realidade emocional de quem vende ou compra. Por isso, estar sempre munido de informações e parâmetros fundamentados é imprescindível. Localização, metragem, idade do imóvel, segurança, estado de conservação e infraestrutura são critérios básicos, mas contam apenas parte da história. Muitos clientes questionam o valor de seus imóveis comparando com o vizinho que vendeu por tantos reais. Entretanto, o valor de mercado reflete uma série de particularidades e variáveis. Um acabamento diferenciado, uma boa iluminação natural, um bairro em desenvolvimento – cada detalhe influencia o preço final.

Para terrenos ou propriedades rurais, então, a análise é ainda mais complexa. É preciso considerar o acesso, a infraestrutura local, condições da região e fatores únicos que podem valorizar ou depreciar significativamente o bem. Um acesso facilitado, por exemplo, pode ser uma vantagem imensa, mas detalhes como a qualidade do solo e a proximidade com rios e nascentes também fazem toda a diferença. Essa análise aprofundada é fundamental para garantir que o preço final seja justo, tanto para o vendedor quanto para o comprador – e isso é um verdadeiro desafio!

A importância da transparência e o desafio do acesso a dados

Outro grande obstáculo que enfrentamos é a falta de transparência no mercado imobiliário praticado no Brasil. Os dados de transações são limitados, dificultando o acesso a informações sobre valores de imóveis semelhantes. Essa ausência de clareza não só atrasa, mas muitas vezes compromete a precisão da avaliação. Cabe a nós, profissionais, recorrer a bases de dados privados ou nos esforçarmos para estimar valores – o que nem sempre é ideal. O cliente deve ser informado sobre a escassez de dados em alguns casos, reforçando a importância de uma comunicação aberta e transparente para que haja empatia e confiança. Informar as limitações de dados que envolvem a análise torna a experiência de mercado crucial para gerar um número o mais exato possível.

Quando o imaterial agrega valor

Aspectos intangíveis, como a vista de um imóvel, a posição solar, a segurança e o histórico da propriedade podem impactar o preço final de forma considerável. Esses fatores são difíceis de quantificar, mas são extremamente valorizados, pois tocam diretamente nas emoções dos futuros proprietários. Uma bela vista pode elevar o valor de um apartamento e o simples fato de o imóvel estar em uma posição com ótima incidência de luz natural torna o ambiente mais agradável e confortável. Como profissionais experientes, temos que nos equilibrar entre o técnico e o emocional, o objetivo e o subjetivo.

Métodos de avaliação: escolher o caminho certo

Cada método de avaliação tem seu próprio valor e suas limitações. A comparação direta com o mercado, a liquidez e a abordagem de renda são métodos amplamente utilizados, cada um mais adequado a certos tipos de imóveis e situações. Em processos judiciais ou avaliações para financiamento, por exemplo, a precisão precisa ser absoluta, exigindo uma escolha meticulosa do método correto. A escolha do método é um reflexo da necessidade da avaliação e exige de nós, profissionais do mercado imobiliário, não só conhecimento técnico, mas também sensibilidade para perceber o que cada situação demanda.

Expectativas do cliente: equilibrando sonhos e realidade

Uma das partes mais delicadas do trabalho é alinhar o valor técnico ao emocional. Muitos clientes têm expectativas baseadas em um valor emocional, construído a partir de experiências particulares ou expectativas de retorno financeiro. Explicar que o valor do imóvel não é o que ele "vale" emocionalmente, mas sim o que representa no mercado, é uma tarefa desafiadora, mas essencial. Essa comunicação clara ajuda a alinhar as expectativas, prevenindo frustrações e preparando o cliente para uma transação mais tranquila.

Qualificação e ética: a base do profissionalismo

Conhecimentos sobre legislação, técnicas de avaliação e ética não só aprimoram o trabalho, mas são essenciais para manter a confiança do cliente e criar uma autoridade especializada. A avaliação deve ser pautada por uma análise ética e transparente. Por meio da educação e da certificação exigida ao profissional junto ao órgão competente, no caso o CRECI, a avaliação ganha confiabilidade e precisão, impactando positivamente todos os envolvidos.

Conectando técnica e relacionamento

Uma avaliação bem realizada requer mais do que números e tabelas. Ela exige uma profunda compreensão do mercado e uma confiança construída junto ao cliente, demonstrando cases de sucesso e reforçando nossa experiência e autoridade com sinceridade e transparência. Nosso trabalho como avaliadores não é apenas sobre determinar um número; é sobre conectar pessoas aos seus sonhos, equilibrando as expectativas de quem compra e de quem vende com precisão, respeito e integridade.

Considerações finais

A avaliação de imóveis exige do profissional uma combinação de conhecimento técnico e habilidades interpessoais. Ao dominar os métodos de avaliação, alinhar expectativas e garantir transparência, o avaliador constrói pontes entre o técnico e o humano, o pragmático e o emocional. Cada imóvel tem uma história e nossa missão é compreendê-la e traduzi-la em números que respeitem a realidade do mercado. Ao final, um imóvel bem avaliado não é só mais uma transação, mas uma experiência de confiança e compromisso com a ética, a justiça e a transparência.

Referência bibliográfica

CIDADE NEGRA. A estrada. [s.l.]: Sony Music Entertainment (Brasil), 1998. (4 min. 42 s.)

Giovana Lolli

“O avaliador de imóveis constrói pontes entre o técnico e o humano, o pragmático e o emocional.”

Giulia Cancian

Meu nome é Giulia Cancian, gaúcha de Santa Maria/RS. Casada com o Jeferson, meu amor e maior incentivador, tenho três filhos, sendo dois deles do coração, João Pedro e João Vicente e nossa filha, Lorena. Ressalto que a minha família me transformou como pessoa.

Uma das mais tradicionais imobiliárias da cidade era do meu avô e com o intuito de seguir com esse legado iniciei o curso de Direito. A faculdade não foi onde encontrei meu propósito. Na verdade, nunca liguei muito para essa certificação. Com o passar do tempo e com uma grande inquietude sobre o meu core *business*, descobri que desenvolver pessoas era o que me deixava feliz. Hoje, com 30 anos, sendo 12 destes dentro de uma imobiliária, senti a necessidade de aceitar novos desafios e este livro é um deles.

giuliacancians

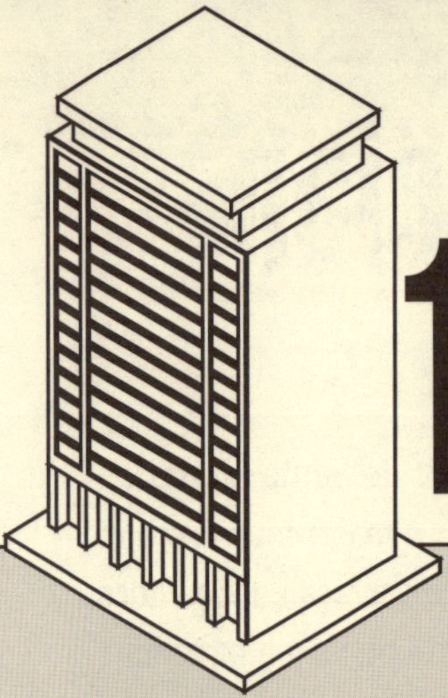

13 OS DESAFIOS E AS OPORTUNIDADES DO MERCADO DE ALUGUÉIS

Por Giulia Cancian

O mercado de aluguéis desempenha um papel fundamental na economia global, conectando pessoas a moradias, espaços de trabalho e experiências. Nos últimos anos, o setor passou por transformações intensas, impulsionadas por fatores como urbanização acelerada, avanços tecnológicos e mudanças nas expectativas dos consumidores. Apesar dessas evoluções, ele enfrenta desafios profundos que impactam tanto proprietários quanto inquilinos. Paralelamente, surgem oportunidades para inovação e crescimento, especialmente em mercados emergentes e nichos específicos.

Este capítulo explora as forças que moldam o mercado de aluguéis, analisando seus desafios e suas consequências. Eu, particularmente, sou apaixonada pelo mercado de aluguéis, pois ele é vasto e diversificado, abrangendo imóveis residenciais, comerciais, industriais e até opções de curto prazo, como aluguéis de temporada. Ele reflete o equilíbrio delicado entre oferta e demanda, que varia conforme as condições econômicas, demográficas e sociais.

Um dos grandes desafios que enxergo hoje no meu nicho de atuação é que o mercado imobiliário ainda é muito tradicional, tanto nas empresas como nos principais personagens desse mercado, que são o proprietário e o inquilino. Temos muitos proprietários com imóveis antigos que não atendem às expectativas do mercado atual, que não renovam seu patrimônio, e que ainda acreditam na figura do fiador como a sua mais segura garantia de pagamento.

Em contrapartida, também temos os locatários que pararam no tempo e não conseguem se adaptar às novas tecnologias. As novas plataformas tecnológicas, como aplicativos de locação de curto prazo e de assinatura digital, criaram uma dinâmica por muitas vezes complexa.

Quando iniciei minha trajetória nas locações, aplicativos como WhatsApp estavam começando a ser utilizados e os processos ainda eram feitos via e-mail, como *links* com a apresentação dos imóveis no *site*, e posteriormente documentos cadastrais para formalizar a locação, e contrato de locação e termo de vistoria de entrada.

A assinatura digital ainda não era uma opção no nosso mercado e os contratos eram assinados somente via cartório. Quando o inquilino era de uma cidade e os fiadores de outra, esse contrato viajava de cidade em cidade até ser efetivamente assinado por todas as partes. Muitas imobiliárias ainda atendiam os clientes em pé no balcão e os imóveis eram mostrados por meio de um catálogo impresso com minúsculas fotos e algumas características do imóvel. A empresa na qual eu trabalhava, e onde participei da estruturação do setor de locações, foi uma pioneira na cidade no quesito de inovação de processos. Sempre buscamos nos diferenciar da concorrência e apresentar soluções tecnológicas para o processo como um todo.

Hoje, tenho a oportunidade de trabalhar como parceira das imobiliárias e não mais como parte delas, e é incrível como as práticas ainda diferem de uma para outra dentro da mesma cidade, estado e país (a esse último nível, então, nem se fala). São praças totalmente distintas, com diversos modos de aplicar os processos e as taxas, e nesse sentido ainda vejo o mercado desunido. O mercado de locação cresce cada diz mais e ainda não conseguimos estabelecer alguns padrões básicos de atuação.

A digitalização vem sendo uma das maiores forças remodeladoras do setor de aluguéis. Ferramentas como contratos digitais, inteligência artificial para precificação e sistemas de gestão de imóveis têm melhorado a experiência do inquilino e reduzido custos operacionais. Porém, não se pode ignorar o lado humano dos atendimentos, pois esse é o diferencial das imobiliárias perante os grandes *players* digitais. Quem não se aproveitou (ou aproveitar) disso, ficará para trás.

Dificuldades

O mercado de aluguéis é resiliente, mas enfrenta mudanças profundas em um mundo cada vez mais dinâmico. Os desafios de acessibilidade, regulação e adaptação tecnológica podem ser transformados em oportunidades para inovar, crescer e atender melhor às necessidades de proprietários e inquilinos.

A pandemia foi um grande marco, pois foi um momento de grande incerteza e também de desafios financeiros, tanto para inquilinos quanto para proprietários, elevando os índices de inadimplência e vacância. Quem já estava adiantado nos quesitos de tecnologia não foi pego desprevenido. Quem agiu rápido fazendo uma comunicação transparente para todas as partes envolvidas e buscando soluções para que a operação não parasse, teve melhores resultados. Ter um time coeso e unido também foi um grande diferencial, principalmente porque alguns colaboradores tiveram que se afastar devido a comorbidades e também por estarem contagiados pela covid-19.

Para mim, atuando por muitos anos como gestora, tanto de equipe comercial quanto administrativa, uma outra grande dificuldade é encontrar profissionais qualificados para atender a locação. Sempre comento que o processo de alugar um imóvel é cheio de particularidades e brinco que não é para amadores. Acabamos percebendo os dois extremos dentro das imobiliárias: ou são profissionais mais velhos, com mais de dez anos de atuação na mesma empresa, ou são jovens iniciando a carreira profissional e/ou que não conseguiram se colocar no mercado de trabalho na sua área de atuação e que não tem nada de experiência. O que os iniciantes, por muitas vezes, não vislumbram é que o nosso mercado tem uma grande possibilidade de crescimento profissional.

Proporcionar qualificação para as equipes, com o intuito de prestar um serviço cada vez mais especializado e personalizado, e construir planos de carreira e premiações para os destaques promovem a diminuição do *turn over*. É um diferencial que muitas empresas ainda não visualizaram e é algo que é muito relevante para a nova geração. Sempre falei também para todas as equipes que treinei para encararem a sua função dentro da imobiliária como uma profissão e não como algo passageiro. Estudem, capacitem-se, sejam especialistas no que fazem.

Crescimento

Voltando ao foco do principal personagem da locação, o imóvel, dados mostram que o crescimento populacional em cidades do interior supera o das capitais, tornando esses mercados promissores. As novas gerações não têm mais o sonho de adquirir a casa própria e de fixar um domicílio em determinado local. Pelo contrário, anseiam pela flexibilidade de morar e conhecer diversos locais, até mesmo fora do país.

Cidades de médio porte e regiões suburbanas apresentam uma oportunidade significativa para o mercado de aluguéis. Esses locais atraem famílias e empresas que buscam escapar dos altos custos das grandes metrópoles. Porém, imóveis ineficientes em termos de energia são menos atrativos, mas as adaptações necessárias podem ser economicamente inviáveis para muitos proprietários. Há de se renovar o patrimônio, ao invés de manter os antigos casarões, dar espaço a novos prédios.

O interesse por imóveis sustentáveis está crescendo. Certificações verdes e soluções como painéis solares e sistemas de eficiência hídrica são valorizadas tanto por inquilinos quanto por investidores.

A crescente preocupação com sustentabilidade está se tornando um critério decisivo para inquilinos. Proprietários de imóveis mais antigos enfrentam desafios para modernizar suas propriedades e atender às novas expectativas.

Aplicativos como Airbnb e Vrbo têm transformado o mercado de locação, permitindo que proprietários lucrem mais com aluguéis de temporada. Contudo, isso reduz a disponibilidade de imóveis para aluguel tradicional, pressionando ainda mais os preços.

Tendências

Com o avanço do trabalho remoto e as mudanças no estilo de vida, muitos inquilinos buscam flexibilidade. Contratos de curta duração, como os oferecidos por *startups* de *coliving*, e espaços comerciais temporários estão em alta demanda. Imóveis que oferecem serviços adicionais, como manutenção programada, academias ou espaços compartilhados, estão ganhando espaço no mercado. A experiência passa a ser um diferencial, além da simples habitação.

O espaço físico das imobiliárias também vem em constante evolução. Ambientes 100% corporativos e com cara de escritório estão dando espaço para ambientes mais confortáveis, despojados e produtivos. Alguns exemplos são as salas de descompressão para os colaboradores, os espaços preparados para atendimento on-line, espaços *gourmet* para *happy hour*, cafeterias e espaços para *coworking*. Todos esses exemplos fazem com que a imobiliária tenha um contato mais próximo com o cliente e que este se sinta em casa.

O mercado de aluguéis está em constante evolução e aqueles que adotarem uma abordagem proativa e inovadora estarão mais bem posicionados para prosperar. A seguir, estão algumas reflexões inspiradoras para investidores, proprietários e formuladores de políticas.

- Oferecer mais do que um imóvel – uma experiência completa, com serviços personalizados e valor agregado – pode ser o diferencial necessário para se destacar.
- Antecipar tendências e ajustar estratégias antes que mudanças externas forcem adaptações coloca proprietários e investidores em vantagem.
- O sucesso no setor não está apenas em superar obstáculos, mas em enxergá-los como catalisadores de transformação. Seja por meio de tecnologias, políticas públicas ou mudanças na mentalidade, o futuro do mercado de aluguéis pode ser construído com base em resiliência e visão estratégica.

Como você pode contribuir para essa evolução? A resposta pode estar na forma como você aborda o presente – e se prepara para o futuro.

Este capítulo é um convite para refletir e agir, proporcionando uma base sólida de análise e inspiração para leitores interessados em compreender e moldar o mercado de aluguéis.

Giulia Cancian

“Os desafios moldam quem somos. O que não o(a) desafia, não o(a) transforma – e é na vulnerabilidade do percurso que encontramos nossa força.”

Guilherme Carnevale

Eu me chamo Guilherme Zimerman Carnevale e resido em São Paulo/SP, local onde nasci.

Sou formado em Administração de Empresas pela Fundação Getúlio Vargas (FGV) e comecei minha carreira como corretor de imóveis há seis anos, momento que conheci o mercado imobiliário. De lá para cá, sempre estive imerso no mercado de *real estate*. Depois de alguns anos atuando como corretor e com o conhecimento que adquiri, vi a oportunidade de abrir uma agência de tráfego pago especializada no mercado imobiliário, no qual sou CEO, a Balzani Company.

Hoje, através da Balzani, ajudo mais de quarenta incorporadoras e construtoras a transformarem *leads* em vendas, por meio de uma metodologia validada. Além da agência, sou sócio da Zimbel, uma incorporadora que tem como foco projetos do Minha Casa, Minha Vida aqui em São Paulo.

guilherme.carnevale

+55 (11) 93071-9120

guilherme@balzani.com.br

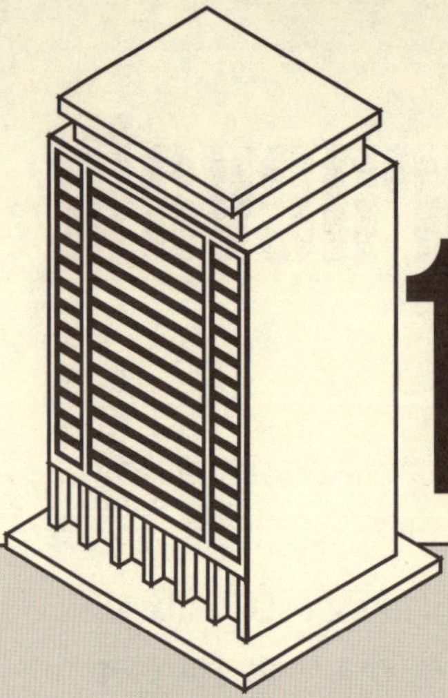

14 TRANSFORMANDO *LEADS* EM VENDAS: ESTRATÉGIAS EFICAZES

Por Guilherme Carnevale

O ano era 2019, estava finalizando a faculdade, perdido, sem saber qual caminho seguir. A única certeza que eu tinha era que não queria seguir o caminho tradicional, queria empreender e ter meu próprio negócio. Tentei por alguns meses me aventurar abrindo uma loja on-line de produtos domésticos, mas nunca consegui sair do zero a zero. Até que, um dia, no intervalo de uma das aulas, um amigo meu da faculdade me chamou de canto e falou: "Por que você não vem trabalhar comigo como corretor na imobiliária que trabalho?". Sem conhecer exatamente nada do mercado imobiliário, e como estava patinando na loja on-line, obviamente não pensei duas vezes e aceitei.

Nas primeiras semanas, foi tudo maravilhoso, estava descobrindo o real poder que o mercado imobiliário tem. Como assim, posso ficar milionário vendendo apenas **um** imóvel? Como assim, uma venda pode me dar o salário que um médico ganha no ano? Era só questão de acertar a mão. Foi aí que veio a realidade: seis meses sem ganhar um real (risos). Na prática, atuar como corretor não é fácil, mas é recompensador. Após seis meses trabalhando 12 horas por dia, sem parar, consegui minha primeira venda e depois daí foi uma bola de neve, até que veio a pandemia e tudo mudou. Como, além de atuar como corretor, gerenciava as campanhas de tráfego pago para a imobiliária que trabalhava, em 2021, eu vi um gargalo muito grande no mercado. Havia muitas empresas imobiliárias e pouquíssimos profissionais qualificados que entendessem realmente como juntar *expertise* do tráfego pago imobiliário com a *expertise* de vendas.

Foi aí que eu, com meu sócio atual, abri a Balzani, uma empresa especializada em tráfego pago imobiliário. De 2021 a 2023, atuamos exclusivamente com gestão de tráfego e estruturação comercial para empresas do segmento, mas tínhamos um problema: de nada adiantava gerar leads qualificados, auxiliar os corretores a transformar *leads* em visitas e visitas em vendas, se os corretores não aplicassem nossas orientações. Então, na prática, você já deve imaginar o que acontecia: dos 100% dos clientes, 80% não aplicavam nossas instruções de atendimento. Esses eram os que reclamavam que os *leads* eram desqualificados e tinham resultados abaixo da média ou resultados medianos. Os outros 20% que aplicavam tinham resultado acima da média. Foi quando, em 2023, uma chave virou na minha cabeça: o resultado advindo do tráfego pago depende 20% do próprio tráfego e 80% do comercial, porque de nada adianta o *lead* ser 100% qualificado se o corretor demora 24 horas para responder no WhatsApp e sequer faz um *follow up* de atendimento. E, acredite se quiser, 90% dos clientes que entravam na agência os corretores sequer utilizavam o CRM.

Foi aí que eu caí em uma encruzilhada: como gerar resultado para meus clientes se não consigo fazer que os corretores utilizem CRM, sigam processos e realizem o atendimento como deve ser feito?

Foi então que, estudando empresas de sucesso, achei a resposta que eu queria: separar o atendimento em duas etapas. Na prática, o bom corretor não fica sentado com a bunda no escritório o dia inteiro. O bom corretor está na rua, está prospectando, está fazendo *networking*, está fechando contratos. Ele não consegue responder o *lead* em 5 minutos, fazer *follow up* de diversos dias, ligar para 100% dos *leads*. Então, quando o processo de atendimento é dividido em duas etapas, você tem um resultado muito, mas muito superior. Mas como isso funciona? Você precisa ter uma pessoa que chamamos de Sales Development Representative (SDR), que nada mais é do que um pré-vendas. Essa pessoa ficará responsável pelo agendamento de visita, ou seja, o corretor só irá ficar responsável por fazer o atendimento final ao cliente. Quando você tem uma pessoa que fica 100% do tempo somente atendendo os *leads*, você garante que ela siga os processos como devem ser seguidos. Então, listarei a seguir todos os processos comerciais que são seguidos aqui na agência para que você possa replicar para dentro da sua construtora ou incorporadora.

Meu objetivo é ser o mais prático possível e que você acabe de ler esse capítulo e possa replicar a estrutura que já desenvolvemos e tornar sua empresa uma máquina de vendas. E, detalhe, estou há cinco anos trabalhando com tráfego pago imobiliário e posso garantir: não existe fórmula mágica, não existe método milagroso que irá trazer para você o *lead* pronto para comprar. Quem fala isso para você provavelmente quer vender algo. O que funciona é o arroz com feijão bem-feito. Agora vamos para prática.

Primeiro passo: o processo comercial começa com as campanhas de tráfego pago. Qual a função do tráfego? Trazer a maior quantidade de *leads* pelo menor preço possível. Mas, calma. De nada adianta trazer lead barato se não tem perfil de compra. Então, consertando: a função do tráfego pago é trazer a maior quantidade de *leads* **com perfil de compra** pelo menor preço possível. E depois de investir mais de R$ 5 milhões em anúncios para dezenas de construtoras e incorporadoras grandes, posso afirmar: 80% dos resultados do tráfego pago vêm do criativo que você usa e não da segmentação mágica que você coloca dentro do gerenciador de anúncios. Então, hoje, aqui na agência, 95% dos criativos são em formato de vídeo, narrados e que causam impacto nos primeiros três segundos. Utilizamos a metodologia AIDA (Atenção, Interesse, Desejo e Ação). Então, para concluir, a melhor maneira de qualificar um *lead* é por meio do criativo. E sabe por quê? Quanto mais informações você fornecer para o *lead*, mais consciente do produto ele fica e mais qualificado ele será. Se o seu criativo não passar as informações necessárias, você vai ter vários leads chegando ao seu processo comercial simplesmente para perguntar o preço, a região ou qualquer informação que ele já poderia ter visto no seu criativo.

Segundo passo: atendimento ao cliente. É aqui que a brincadeira começa e que diferencia quem terá um resultado excelente e quem fica choramingando, falando que tráfego pago não traz resultado. De maneira geral, os *leads* vindos do tráfego pago (*meta ads*) são frios. O que isso significa? Significa que eles não conhecem a empresa, não conhecem a fundo o empreendimento, a única coisa que eles viram foi um vídeo rápido de trinta segundos que despertou interesse deles. Ou seja, o atendimento precisa ser eficaz a ponto de despertar o desejo do *lead* de sair da casa dele e ir até o empreendimento. Não é uma tarefa fácil.

- Então, primeiro ponto sobre atendimento: o primeiro contato **sempre** deve ser feito por ligação. Se a sua equipe só manda mensagem no WhatsApp, sinto informar, mas sua conversão será extremamente baixa. Quando o *lead* se cadastra em um anúncio, o algoritmo do meta entende que ele está interessado em imóveis e começa a jogar vários anúncios semelhantes ao seu para o cliente, o que significa que terá uma dezena de corretores chamando o seu *lead* no WhatsApp. A chance de você levar um vácuo é muito grande.
- Segundo ponto sobre atendimento: o contato deve ser feito o mais **rápido** possível. Pesquisas da InsideSales mostraram que a taxa de conversão é cem vezes maior atendendo em até cinco minutos, se comparado com atendimento em trinta minutos. Ou seja, a cada minuto que passa, a chance de você converter seu lead em visita cai drasticamente.
- Terceiro ponto sobre atendimento: você deve seguir uma cadência de *follow up* de diversos dias. Se o *lead* não atende as suas chamadas e não lhe responde, você deve continuar tentando dia após dia, até o *lead* responder. Segundo as mesmas pesquisas da InsideSales, 15% das conversões acontecem após o sétimo *follow up*.
- Quarto ponto sobre atendimento: você precisa de um CRM eficiente. Se o seu time não usar CRM, você não conseguirá ter controle das métricas, saber de qual campanha de anúncio veio o *lead* que gerou venda e, o mais importante, o seu SDR não conseguirá seguir a cadência de *follow ups*. Imagine você ter que se lembrar de ligar e chamar cem contatos durante sete dias seguidos? Sem um CRM, você não consegue. Perante tudo isso que eu falei, espero que tenha ficado claro o motivo pelo qual uma equipe focada somente em atendimento (SDR) consegue entregar muito mais conversão do que colocar o corretor para fazer tudo.

Terceiro passo: venda. Depois de gerar o *lead* e seu time de pré-venda agendar a visita, está na hora de chutar a bota para o gol. A última etapa do processo se resume em fazer um bom atendimento *tête-à-tête*. Agora que expliquei como funciona o processo comercial, passarei a estrutura interna que utilizamos aqui e quais ferramentas usamos: como CRM, usamos o Pipedrive. Esse foi o CRM mais intuitivo e completo que achamos. Além disso, utilizamos a API4COM, uma ferramenta de VOIP que grava todas as ligações, assim consigo controlar como meus SDRs atendem. Dentro do WhatsApp, utilizamos um plugin chamado WASPEED que otimiza o atendimento por mensagens instantâneas. Como fluxo de cadência, utilizamos o fluxo a seguir.

1. Ligação de manhã.
2. Mensagem de manhã. (Caso a pessoa não atenda.)
3. Ligação de tarde.
4. Mensagem de tarde. (Caso a pessoa não atenda.)

Temos quatro pontos de contato durante o dia e fazemos ao longo de sete dias. Caso o *lead* não atenda e não responda em sete dias, colocamos em lista de repescagem para tentar contato depois de um mês.

Resumindo, para ter sucesso comercial com *leads*, é preciso seguir processos, o arroz com feijão funciona mais do que qualquer 'hackzinho' que lhe vendem na internet.

Agora, você tem dois caminhos: o primeiro é pegar todos os ensinamentos que passei aqui e aplicar por conta própria para estruturar seu time comercial. Caso opte por esse caminho, espero que tenha sucesso e monte uma **máquina de vendas**. O segundo é contratar uma equipe que já faça seu pré-vendas e gerencie todo tráfego pago, assim você só se preocupa em receber o *lead* no seu *stand*/escritório. Caso opte pelo segundo caminho, é só me chamar no Instagram, que estarei à disposição para lhe atender. Espero que eu possa ter contribuído e ajudado você de alguma forma. Até já!

Referência bibliográfica

INSIDESALES. *10 insidesales metrics that actually work*. Disponível em: https://resources.insidesales.com/confirmation-10-inside-sales-metrics-that-actually-work/. Acesso em: 10 dez. 2024.

“

Guilherme Carnevale

Para ter sucesso comercial com *leads*, o ‘arroz com feijão’ bem-feito funciona mais que qualquer ‘hackzinho’ que lhe vendem na internet.

”

Guilherme Ramos Reis

Sou Guilherme Ramos Reis, cristão e incorporador em Brasília há mais de quatorze anos. Nesse período, construí e vendi mais de seiscentos imóveis, com um valor geral de vendas (VGV) superior a R$ 80 milhões. Minha especialidade são empreendimentos financiados, com vendas na planta. Acredito que o sucesso dos projetos está diretamente ligado à eficácia da venda e, insatisfeito com muitas metodologias de atendimento, busquei aprofundamento acadêmico.

Formado em Psicologia, eu me especializei em Análise do Comportamento, aplicando esses conhecimentos na cultura da minha empresa e no treinamento da equipe de vendas. Incorporar no Brasil traz grandes desafios, que me proporcionaram aprendizados valiosos. Espero compartilhar alguns deles neste capítulo.

incorporador_reis
+55 (61) 99631-2078
guilherme@incorporador-reis.com.br

DO SONHO AO SUCESSO

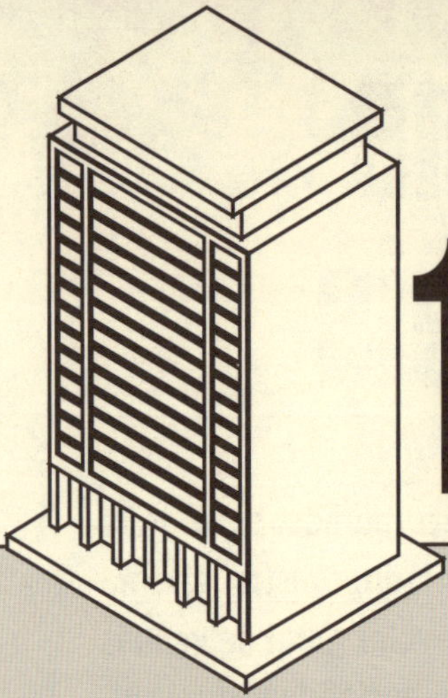

15 GESTÃO DE CRISES E SUPERAÇÃO DE DESAFIOS NO IMOBILIÁRIO

Por Guilherme Ramos Reis

Você realmente acredita que no mercado imobiliário o caminho para o sucesso é direto e sem desafios? E se eu dissesse para você que os maiores obstáculos estão justamente onde você menos espera e que superá-los pode ser o que define o seu sucesso ou o seu fracasso? A verdade é que os erros e as dificuldades não são apenas inevitáveis, mas essenciais. São justamente os erros, muitas vezes os mais caros, que trazem os maiores aprendizados. O sucesso sem desafios pode até parecer tentador, mas é nas adversidades que você realmente se transforma e evolui. E quanto mais difícil a lição, mais valiosa ela se torna.

Com apenas 18 anos, recém-saído do Ensino Médio, com mais dois amigos, resolvi encarar o meu primeiro grande desafio: construir e vender duas casas pelo programa Minha Casa, Minha Vida. A expectativa era alta, a promessa era uma rentabilidade de 100% sobre o valor investido e, com essa ilusão de grande retorno, mergulhei de cabeça.

A realidade foi bem diferente. O que hoje seria um obstáculo simples, naquela época parecia um grande desafio. Quanto menor você é, maiores os problemas parecem. Um exemplo disso foi o dia em que o pneu do meu carro furou a 60 km da obra. Para mim, jovem e inexperiente, isso já era um problema enorme. E essa foi a tônica do projeto: qualquer pequeno desafio parecia intransponível. No final, a rentabilidade de 100% não se concretizou. Consegui apenas cobrir os custos e devolver o dinheiro aos investidores. Mas o mais importante foi que quebrei a barreira de começar.

Apesar das dificuldades do primeiro projeto, segui em frente. O próximo desafio foram mais duas casas, e com cada projeto fui aprimorando o modelo construtivo. No início, meu foco estava em entender a construção e lidar com a mão de obra. Com o tempo, percebi a necessidade de expandir além da execução física, envolvendo-me nos processos de compra, controle financeiro e gestão do empreendimento de forma mais profissional.

Passei a construir duas casas, depois três, cinco e, com o tempo, os projetos começaram a crescer. À medida que ganhava mais experiência, fui aprendendo a aproveitar o máximo do potencial dos terrenos. Um lote que antes abrigava duas casas logo passou a ser usado para construir seis apartamentos. Essa evolução foi possível porque dominei gradativamente os processos construtivos, melhorei a gestão de compras e finanças e me familiarizei com a parte burocrática e as vendas. Foi um processo gradual, mas que me permitiu escalar os empreendimentos e aumentar a capacidade de construção.

A cada mudança significativa no projeto ou entrada em um novo mercado, eu me deparava com os *unknowns-unknowns* – coisas que você não sabe que não sabe e só descobre no processo. Quando passei de casas para apartamentos, vi a necessidade de uma convenção de condomínio mais detalhada e a importância de gerir bem as áreas comuns. Transformar algumas áreas em privativas aumentava o valor de venda e incentivava os moradores a cuidarem melhor desses espaços.

Esses aprendizados só surgiram quando comecei a experimentar e a me adaptar. Além disso, com o tempo, fui conhecendo cada vez mais meus clientes. Através de conversas com corretores e clientes, entendi melhor as preferências do público-alvo e comecei a ajustar meus produtos para atender melhor essas demandas. Foi um processo contínuo de aprendizado e adaptação.

O principal desafio surgiu quando escalei minhas obras, construindo prédios de quatro andares com oito apartamentos, em lotes onde antes fazia seis. No meio da execução, o programa Minha Casa, Minha Vida anunciou uma nova regra: prédios com mais de três andares em áreas sem rede de esgoto não poderiam ser vendidos. Na época, todas as minhas dezoito construções, com 144 apartamentos, estavam em locais sem rede de esgoto. Alguns prédios estavam na fundação, outros na alvenaria e outros quase prontos. De repente, não podia vender nenhum. Esse foi o maior desafio da minha carreira.

Não foi nada fácil lidar com essa situação. De repente, todos os meus esforços estavam congelados e a pressão para encontrar uma solução era imensa. O estresse que essa mudança trouxe foi enorme, a ponto de, por um momento, a vontade de desistir começou a parecer real. Eu me perguntei várias vezes se valia a pena continuar, se eu teria energia para lidar com tudo aquilo. Era um daqueles momentos em que parece que todas as portas se fecharam e o desânimo tomou conta. A sensação de ter 144 apartamentos, alguns quase prontos, paralisados foi algo que me fez repensar toda a minha trajetória.

Além do impacto emocional e do desejo de desistir, havia uma questão muito prática que não me permitia simplesmente abandonar tudo: estava pagando juros todos os meses. Havia outras pessoas e compromissos financeiros envolvidos e eu sabia que não podia simplesmente parar. A primeira medida foi estancar a situação. Precisava proteger os prédios e manter tudo em segurança enquanto buscava uma solução. Quando um prédio fica parado, seja ele já pronto ou ainda em construção, começa a se desgastar e ser alvo de depredação. Comecei a enfrentar muitos problemas de roubo: as pessoas entravam nos prédios e roubavam fios, entre outras coisas.

O primeiro grande desafio foi conter esse caos. Contratei equipes de segurança, instalei alarmes e, em alguns casos, até usei cães de guarda para vigiar os prédios. Em paralelo, iniciei várias conversas com a instituição, tentando provar que aquela norma não deveria se aplicar ao meu caso. A cada dia, surgiam novos problemas, mas era preciso encontrar uma forma de proteger os empreendimentos enquanto resolvia o impasse.

Minha primeira ação foi entender o porquê daquela nova norma. Marquei várias reuniões com a instituição para descobrir a raiz do problema. Logo entendi que a mudança havia sido causada por grandes empreendimentos, nos quais a infraestrutura de fossa não conseguia atender adequadamente a demanda dos prédios. Os sistemas estavam subdimensionados, causando sérios problemas.

A partir desse ponto, comecei a questionar e buscar uma solução em conjunto com a instituição bancária. Expliquei que, no caso dos meus prédios, a infraestrutura estava corretamente dimensionada para as oito unidades por prédio, mesmo com quatro pavimentos. Argumentei que não havia nenhuma norma específica exigindo rede de esgoto para empreendimentos desse porte. A partir dessas conversas, a própria instituição começou a sugerir soluções e, pouco a pouco, consegui encontrar um caminho viável para resolver o impasse.

Depois de várias reuniões e conversas, a instituição exigiu que fizesse um laudo de avaliação para comprovar que as infraestruturas estavam dimensionadas corretamente para o empreendimento. Assim, contratei especialistas para preparar os laudos técnicos necessários. No entanto, isso ainda não era suficiente. Para resguardar a instituição de qualquer problema futuro, foi solicitado que providenciasse um seguro das infraestruturas, com validade de até cinco anos.

O desafio? Esse tipo de seguro simplesmente não existia. Mas, em vez de desistir, busquei uma solução. Encontrei uma seguradora disposta a criar um produto para atender a essa situação específica. Esse seguro garantiria que, caso algo desse errado com as infraestruturas das fossas, a seguradora assumiria a responsabilidade. Com esse respaldo, teoricamente iria conseguir seguir adiante e, finalmente, retomar as vendas e continuar com os empreendimentos.

A solução para o problema não foi apenas técnica, mas também relacional. Embora as medidas técnicas tenham sido adotadas, a verdadeira resolução veio quando envolvi diretamente meus investidores, que estavam 100% cientes da situação. Utilizei a influência deles para aumentar a pressão sobre a instituição, e ter investidores qualificados e influentes foi decisivo. Até hoje, eu me lembro de um investidor muito influente fazer "aquela ligação". Somente com essa conexão, conseguimos a autorização para as vendas. No total, foram quatro anos de muito esforço para resolver toda essa situação.

Os quatro maiores aprendizados da minha jornada são claros: nunca entre no mercado imobiliário com ingenuidade, sempre esteja preparado para os *unknowns-unknowns*, tenha boas relações e *network*, tenha cuidado ao escalar seus projetos e nunca coloque todos os ovos na mesma cesta. Diversificar os investimentos e crescer com cautela são essenciais para enfrentar os desafios e prosperar no mercado. Essas lições são a base para o sucesso sustentável.

Hoje em dia, não construo mais na modalidade individual, quando se usa recursos próprios ou de investidores para vender depois. Agora, atuo apenas com obras multifamiliares financiadas pelo Apoio à Produção, o que me resguarda de mudanças de regras da instituição e elimina a dependência de investidores, já que é possível construir com o recurso dos clientes que financiaram na planta, repassando os juros para eles.

Se você deseja entrar na modalidade de Apoio à Produção e aproveitar todos os benefícios que esse modelo pode oferecer, eu tenho um treinamento completo para você. Nele, não apenas ensino os aprendizados que compartilhei ao longo deste capítulo, mas também todos os conhecimentos que adquiri em mais de quatorze anos de experiência no mercado. Esse treinamento é o caminho para qualquer pessoa, de qualquer nível de conhecimento, entrar de forma segura e eficiente essa modalidade de financiamento de apoio à produção ou então chamado crédito associativo. Se quiser saber mais, basta escanear o *QR Code*.

Guilherme Ramos Reis

“Todo mercado tem seus *unknowns-unknowns*, aquilo que você não sabe que não sabe, que só será descoberto e superado quando você decidir agir.”

João Paulo Gonçalves

Sou João Paulo Gonçalves Oliveira. Vivi até os 23 anos na zona rural de Felixlândia, interior de Minas Gerais, onde aprendi o valor do trabalho e da resiliência. Em 2004, eu me mudei para a capital Belo Horizonte/MG em busca de novos sonhos e desafios.

Eu me formei em Direito em 2011 e me especializei em Direito Imobiliário, área em que construí uma sólida carreira como advogado, palestrante e autor de artigos. Honro a memória do meu pai, Expedito, e sou grato ao apoio de minha mãe, Djanira, e dos meus irmãos, em especial ao Geraldo. Hoje, vivo em Belo Horizonte com minha futura esposa, Luiza, e meu filho de coração, Victor.

Minha trajetória não foi isenta de desafios. Cada obstáculo enfrentado fortaleceu minha determinação e reafirmou meus valores. Por meio das redes sociais, compartilho conteúdos sobre segurança jurídica nas negociações imobiliárias e constituição de *holding* patrimoniais.

detetiveimobiliario

+55 (31) 98572-2980

detetiveimobiliario

detetiveimobiliario

joaopaulo@ggsadv.com

DO SONHO AO SUCESSO

16 ERROS COMUNS NA COMPRA E VENDA DE IMÓVEIS E COMO EVITÁ-LOS

Por João Paulo Gonçalves

Contextualização: imóveis irregulares em números

Um imóvel irregular é aquele que não tem registro ou que seu registro ainda não foi atualizado dentro da sua realidade de área ou ainda com relação aos proprietários, por exemplo. Essa questão é uma realidade no Brasil, impactando diretamente a segurança jurídica das transações imobiliárias. Dados do Ministério da Integração e do Desenvolvimento Regional de 2019 revelam que cerca de 50% dos imóveis no país apresentam algum tipo de irregularidade documental, seja por falta de registro, pendências fiscais ou irregularidades na titularidade (DINO, 2023). Em que pese ser um dado de 2019, a avaliação é que o cenário não tenha se alterado substancialmente. Diversas são as causas da irregularidade dos imóveis, sendo que a mais comum é a falta de escritura, que atinge metade dos sessenta milhões de domicílios urbanos no país. Essa situação resulta em desafios para compradores e vendedores, uma vez que gera insegurança nas transações imobiliárias.

Principais fraudes e erros comuns na compra e venda de imóveis

Os problemas documentais e a falta de verificação rigorosa prévia são portas abertas para fraudes. A seguir, estão algumas das principais fraudes e erros comuns, ilustradas com casos reais.

- **Venda de imóvel com documentação falsa:** uma fraude recorrente é a venda de imóveis utilizando documentos falsificados, em que o comprador, sem a devida diligência, acaba adquirindo uma propriedade que não pertence ao vendedor. Um caso notório envolveu uma propriedade vendida com documentos fraudados, em que o comprador, sem saber, adquiriu um bem penhorado para pagamento de dívidas do verdadeiro proprietário.
- **Omissão de gravames:** muitos compradores acabam adquirindo imóveis sem verificar a existência de gravames, como

hipotecas e penhoras, dentre outros impedimentos. Isso porque muitas vezes a pessoa nem sabe o que é a matrícula de um imóvel e desconhece sua importância. Esse descuido pode resultar na perda do imóvel, caso ele seja retomado pelo credor ou proprietário original. O Superior Tribunal de Justiça (STJ) já julgou casos em que compradores bem-intencionados perderam a propriedade devido a alienação fraudulenta.

- **Compra e venda sem verificação de dívidas fiscais:** outro erro comum é a falta de verificação de dívidas fiscais, como IPTU atrasado, por exemplo. A dívida sobrecarrega o comprador após a aquisição, colocando em risco seu investimento e a valorização do imóvel.
- **Falso corretor de imóveis:** outro golpe muito frequente é a intermediação por falsos corretores de imóveis que se apresentam como responsáveis pela negociação ou ainda representando imobiliárias renomadas, oferecendo serviços de intermediação na venda do imóvel. Eles geralmente cobram uma taxa de visitação, pedem algum tipo de sinal para garantir o negócio levando o comprador ao prejuízo.
- **Vendedores com união estável:** um erro comum cometido na hora da compra de imóveis é ignorar o estado civil do vendedor, pois, se ele é casado com regime parcial de bens ou ainda possui uma união estável, a companheira tem que anuir com a negociação sob pena de ser nula.
- **Venda para mais de uma pessoa:** casos em nosso país ficaram famosos por gerarem uma grande disputa judicial em torno de vendas de um imóvel para vários compradores. Essa dor de cabeça pode ser evitada com as cautelas devidas de um registro de imóvel.
- **Golpe do sinal:** ocorre quando o fraudador exige um pagamento inicial como sinal de intenção de compra ou aluguel do imóvel. Após receber o dinheiro, ele desaparece, cancelando todas as formas de contato. Para se proteger, é fundamental exigir um contrato detalhado antes de qualquer pagamento e realizar a transação financeira de forma segura, preferencialmente com a intermediação de uma imobiliária de confiança.

Esses são alguns dos inúmeros exemplos de como a compra e venda de imóvel acontece no escuro no Brasil. E mais, como as pessoas não estão preparadas para fazerem uma aquisição imobiliária segura. Por isso, é fundamental que especialistas atuem nesse nicho de mercado, a fim de agir de maneira assertiva e com antecedência para evitar fraudes e prejuízos aos compradores.

Soluções para prevenir fraudes

Para reduzir os riscos de compra de um imóvel com irregularidades, existem três práticas fundamentais para garantir a segurança na hora de comprar um imóvel.

- A ***due diligence*** **imobiliária (raio-X imobiliário):** *due diligence*, diligência devida, que "corresponde a um verdadeiro *check-list* da situação atual do imóvel e de seu titular, verifica-se a existência de apontamentos que possam inviabilizar a aquisição, são analisadas certidões relativas aos titulares do bem, certidões do imóvel, análise de eventual passivo, impeditivos ambientais, zoneamento, entre outros documentos" (TERRA, 2020). A verdade é que a *due diligence* precisa ser muito mais profunda e cada vez mais complexa para tentar cercar possíveis fraudes. A simples análise de certidões hoje não é mais suficiente para garantir uma compra segura. O especialista precisa entender do negócio e os riscos inerentes a ele para realizar uma boa atuação. Hoje em dia, existem diversas ferramentas que podem ser usadas para realizar uma boa *due diligence* imobiliária.
- **O acompanhamento jurídico especializado:** ter o suporte de um especialista em direito imobiliário ao longo do processo é essencial para evitar armadilhas. Profissionais especializados têm expertise em identificar irregularidades e garantir a integridade da compra e venda.
- **O uso de contratos blindados:** os contratos devem incluir cláusulas que assegurem a reversão do investimento, caso sejam encontradas irregularidades. Essa prática é uma proteção adicional que garante ao comprador a devolução do valor pago em casos de fraude ou ocultação de pendências. Além dessa, existem diversas cláusulas especiais que visam a proteger o seu cliente conforme a situação identificada na *due diligence*. Apenas um advogado especialista é capaz de identificar o problema e trazer proteções em um contrato bem-elaborado.

Programas e ferramentas atuantes no mercado imobiliário

Diversos programas e ferramentas foram desenvolvidos para auxiliar o especialista em direito imobiliário a evitar fraudes e manter a conformidade documental nas transações. Alguns dos mais relevantes incluem:

- **e-certidões:** ferramenta que facilita a obtenção de certidões de débito e histórico de transações do imóvel;
- **Sistemas de Registro Eletrônico de Imóveis (SREI):** permitem verificar, em âmbito nacional, a situação de um imóvel em relação à titularidade e à existência de gravames;

- **cartórios 24 horas:** serviço de obtenção de documentos em qualquer cartório do país, facilitando o trabalho de *due diligence*;
- **justiça comum e federal:** disponibilizam a busca de ações (cível, criminal, execuções e falências) pelo CPF ou CNPJ;
- **justiça trabalhista:** disponibilizam a busca de ações trabalhistas pelo CPF ou CNPJ;
- **IPTU:** cada município tem sistema para emissão de certidão referente ao imóvel urbano;
- **protestos:** é importante verificar se os vendedores não têm nenhuma dívida protestada;
- **Ministério Público e Ministério Público do Trabalho, IBAMA, Agência Nacional de Mineração (ANM):** são sites para pesquisa de informação do imóvel e dos vendedores.

Esses programas e serviços são públicos e aumentam a eficiência dos especialistas, proporcionando segurança na obtenção de dados fundamentais sobre o histórico e a regularidade dos imóveis.

Como o especialista pode se destacar com a *due diligence* imobiliária

O mercado imobiliário está cada vez mais exigente e competitivo e um dos diferenciais do especialista é a oferta de um serviço de *due diligence* imobiliária.

O Conselho Superior da Magistratura, a respeito do estudo documental na aquisição de imóvel, alerta: "[...] o quanto é importante o papel do advogado, e quanto mais cresce de importância a contribuição do advogado no exame da documentação e do negócio imobiliário, no esforço pela diminuição dos casos patológicos, infelizmente tão numerosos. É uma forma de valorização da nossa profissão. Quando nós contribuímos para que os nossos clientes, pela nossa cautela, evitem situações de constrangimento, de dificuldade, de prejuízo, nós cumprimos o primeiro de nossos deveres, que é o de bem acentuar os aspectos, mais dignos e mais honrosos de nossa nobre e bela profissão" (TERRA, 2020).

Logo, oferecer a *due diligence* imobiliária como serviço de consultoria ajuda a garantir uma compra segura e uma transação mais transparente. Esse processo, como descreve Zung Che Yee (2020) em sua obra, exige um conhecimento profundo dos registros, das certidões e da verificação de pendências, o que diferencia o especialista de profissionais menos qualificados no mercado.

Ao incorporar a *due diligence* imobiliária ao portfólio de serviços, o especialista pode se destacar ao oferecer uma proteção robusta para compradores e investidores, minimizando riscos, fortalecendo sua reputação como profissional de confiança e potencializando seus honorários.

Conclusão

A compra e venda de imóveis no Brasil, apesar de frequente, é marcada por riscos e armadilhas. A falta de atenção a detalhes jurídicos e documentais pode resultar em prejuízos e insegurança para ambas as partes envolvidas. Neste capítulo, vimos como a *due diligence* imobiliária, o acompanhamento jurídico especializado e o uso de ferramentas de análise documental são indispensáveis para evitar fraudes e garantir a conformidade.

A *due diligence* imobiliária é uma estratégia fundamental para se destacar no mercado, agregando valor aos serviços e criando uma relação de confiança com o cliente. Em um cenário em que metade dos imóveis possui algum tipo de irregularidade, o papel do especialista em direito imobiliário é essencial para um mercado mais seguro e transparente.

Referências bibliográficas

DINO. Metade dos imóveis no Brasil possui alguma irregularidade, *O Globo*, publicado em 23 de outubro de 2023. Disponível em: https://oglobo.globo.com/patrocinado/dino/noticia/2023/10/23/metade-dos-imoveis-no-brasil-possui-alguma-irregularidade.ghtml. Acesso em: 14 jan. 2025.

FAVIERO, G. V., Entendimento do STF sobre fraude gera insegurança na compra de imóveis. *Consultor Jurídico*, publicado em 5 de jul. de 2024. Disponível em: https://www.conjur.com.br/2024-jul-05/entendimento-do-stj-sobre-fraude-gera-inseguranca-na-compra-de-imoveis/. Acesso em: 10 dez. 2024.

FIRPO, R. Como o Brasil virou destaque mundial em irregularidades imobiliárias. *Veja*, publicado em 6 abr. 2023. Disponível em: https://veja.abril.com.br/coluna/real-estate/como-o-brasil-virou-destaque-mundial-em-irregularidades-imobiliarias. Acesso em: 9 jan. 2025.

TERRA, M. Patologia nos negócios imobiliários: uma proposta de releitura das fraudes contra credores e de execução, *Migalhas*, publicado em 25 de maio de 2020. Disponível em: https://www.migalhas.com.br/depeso/327550/patologia-nos-negocios-imobiliarios--uma-proposta-de-releitura-das-fraudes-contra-credores-e-de-execucao. Acesso em: 14 jan. 2025.

YEE, Z. C. *Vícios de titularidade imobiliária: como reconhecer fraudes de títulos de propriedade*. Curitiba: Juruá Editora, 2020.

“

João Paulo Gonçalves

Com 50% dos imóveis irregulares no Brasil, aprender sobre segurança jurídica com o Detetive Imobiliário é essencial para se destacar no mercado.

”

Karen Marques

Karen Marques, paulistana, casada há seis anos com o Felipe, sou apaixonada por desafios e guiada por um forte senso de justiça e de muita fé em Deus. Enquanto escrevo este capítulo, celebro também o lançamento do meu primeiro livro em coautoria, para o mercado condominial.

Sou engenheira civil com treze anos de experiência, CEO da FCK Consultoria e Projetos, e pós-graduada em Engenharia Diagnóstica, Patologia das Construções e Perícias, palestrante e mentora.

Após anos em multinacionais, percebi a carência de profissionais especializados em lidarem com problemas patológicos na construção civil. Inspirada por essa necessidade, fundei a FCK para proteger e resguardar clientes quanto aos conflitos técnicos.

karen.engcivil

contato@fckprojetoseconsultoria.com

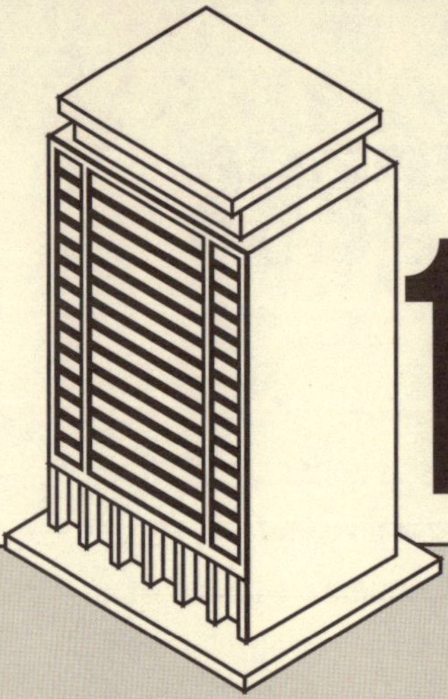

17 A CHAVE PARA PROTEGER INVESTIMENTOS

Por Karen Marques

Ingressar em uma área predominantemente masculina aos 19 anos foi uma experiência profundamente desafiadora. Como uma jovem mulher ainda em formação, fui desafiada a amadurecer rapidamente em vários aspectos. Aprender a me comunicar com assertividade, a me vestir de forma estratégica, a me posicionar com confiança e a compreender as complexas dinâmicas do mercado não foram apenas habilidades adquiridas, mas ferramentas fundamentais para conquistar respeito e sucesso na minha profissão.

Minha virada de chave para o empreendedorismo ocorreu aos 30 anos, depois de uma década de experiência em multinacionais dos setores químico e cimenteiro. Durante esse período, concentrei minha atuação em manutenção predial, projetos e consultoria técnica. Foi nesse cenário que percebi um dos maiores desafios enfrentados pelo mercado da construção: a gestão eficaz dos problemas construtivos. Mais do que simplesmente corrigir falhas, que muitas vezes eram soluções temporárias e ineficazes, percebi a necessidade urgente de uma abordagem preventiva, capaz de evitar que esses problemas surgissem antes mesmo de se tornarem um obstáculo. Essa percepção foi fundamental para a minha decisão de empreender e buscar soluções mais duradouras e estruturadas para o setor.

Repetidamente, testemunhava processos desalinhados entre execução, manutenção e projetos, o que resultava em soluções paliativas e na negligência de adequações importantes. Esses erros não apenas comprometiam o valor patrimonial, levando à desvalorização de ativos, como também obrigavam empresas a arcar com custos exorbitantes para corrigir trabalhos ineficazes. Compreender essas lacunas foi o ponto de partida para minha transição, o que me motivou a criar soluções que pudessem transformar a forma como o mercado abordava esses desafios.

Foi no ano de 2020, ao ingressar na pós-graduação em Engenharia Diagnóstica, Patologia das Construções e Perícias de Engenharia, que identifiquei uma dor latente no mercado e percebi o vasto oceano de oportunidades que essa área oferecia. Ainda sob o regime CLT, jamais imaginei que, aos 30 anos, faria uma transição de carreira tão drástica. Naquele momento, minha visão era de criar algo dentro da indústria, aprimorar processos e alcançar novas oportunidades, mas a realidade foi bem diferente.

A pressão de uma gestão tóxica e a falta de espaço para mudanças começaram a afetar minha saúde mental, tirando a paixão que antes guiava meu trabalho. Crises de ansiedade e noites sem dormir me levaram a buscar ajuda profissional. Durante uma consulta, minha psicóloga foi clara: eu precisava escolher entre o conforto atual e um futuro transformador ou continuar no mesmo caminho, comprometendo ainda mais minha saúde. Suas palavras foram o impulso para uma decisão que mudaria minha trajetória.

Aquelas palavras me atingiram como um raio. Naquele instante, tomei uma das decisões mais difíceis e transformadoras da minha vida: pedir o desligamento. Foi um salto no escuro e do absoluto zero, mas também o primeiro passo em direção a algo que viria a se tornar muito maior do que eu poderia imaginar.

Em 2021, dei início a uma jornada desafiadora: fundei a FCK Consultoria e Projetos, começando do absoluto zero. Enfrentei inúmeras dificuldades e, por vezes, me deparei com a necessidade de repensar todo o caminho que havia traçado. Ainda assim, movida por minha paixão por desafios, eu me recusei a desistir.

Foi preciso redesenhar estratégias e, mais importante, compreender a fundo as reais necessidades do mercado. Antes de tudo, criei uma metodologia que refletisse minha *expertise* e me permitisse atender com excelência os clientes que realmente precisavam das minhas soluções.

Nesse período no empreendedorismo, fui apresentada de forma mais profunda à área de perícias de engenharia, o que transformou completamente minha perspectiva sobre o mercado imobiliário. Comecei a atuar como perita judicial no Tribunal de Justiça de São Paulo, nomeada pelo juiz para processos que envolviam problemas nas construções. Essa experiência revelou um cenário alarmante: infiltrações, problemas estruturais, pisos se desprendendo, entre outros sinais de falhas que iam além da estética, impactando a segurança, durabilidade e consequentemente a desvalorização dos imóveis.

Foi quando percebi que construir ou investir em imóveis não era apenas um sonho, mas também um grande desafio que exigia conhecimento técnico e atenção a detalhes para evitar armadilhas e prejuízos. Essa vivência reforçou meu propósito de trazer soluções assertivas e ajudar a transformar o mercado por meio de uma engenharia mais consciente e responsável. Iniciei uma jornada de conscientização ao perceber a necessidade de compartilhar conhecimento com públicos específicos, como advogados, síndicos, construtores e incorporadores.

Através de palestras, comecei a identificar dúvidas recorrentes, como: "No que devo me atentar antes de comprar um imóvel?" ou "Como identificar se um imóvel apresenta problemas?".

Essa proximidade com o público me revelou uma carência significativa de informações práticas e estratégicas no mercado imobiliário. Decidi ampliar minha atuação, oferecendo consultorias direcionadas para incorporadoras e construtoras, abordando desde as etapas iniciais, como a análise documental e os projetos, até a execução, escolha dos materiais e o controle de qualidade na entrega. Para garantir que os empreendimentos fossem entregues com excelência, passei a atender esse publico nessa demanda de mercado e a elaborar pareceres técnicos e laudos técnicos detalhados, focados em mitigar problemas construtivos.

Muitos incorporadores e construtores enfrentam desafios em processos judiciais, frequentemente, devido à falta de conhecimento técnico no âmbito normativo e documental ou à insistência em práticas tradicionais que não acompanham as exigências legais e técnicas atuais. Essas situações, muitas vezes, resultam em prejuízos financeiros irreparáveis. Percebi que meu trabalho poderia ser transformador ao oferecer orientação desde o início do processo, prevenindo problemas antes mesmo da concepção dos projetos. Afinal, grande parte dos vícios construtivos pode ser evitada quando há um planejamento sólido e execução bem acompanhada.

Nosso trabalho tem proporcionado aos investidores uma abordagem mais estratégica, permitindo que tomem decisões seguras e evitem armadilhas no mercado imobiliário. Além disso, apoiamos construtores na prevenção de litígios relacionados a vícios construtivos, garantindo que os empreendimentos sejam entregues com qualidade e que os riscos sejam minimizados. Essa atuação preventiva não só fortalece a confiança no mercado, mas também cria um ambiente mais estruturado e seguro para todos os envolvidos.

Com essa metodologia validada identifiquei cinco chaves fundamentais para garantir que meus clientes construam com segurança e assegurem a efetividade de seus projetos. Meu objetivo é orientar e proteger construtores e investidores, oferecendo consultoria exclusiva desde o planejamento até a entrega, com uma equipe especializada. Isso inclui orientação técnica antes da concepção do projeto, foco na qualidade construtiva e alinhamento às normas e exigências, prevenindo litígios e responsabilidades indevidas para as partes envolvidas.

- **Invista em um consultor:** tenha um consultor especializado em perícias de engenharia para prevenir, identificar, analisar e solucionar problemas técnicos em obras e construções. O consultor irá te ajudar a prevenir litígios, assegurar a conformidade com normas técnicas e documentais, e oferecer orientações estratégicas para proteger seu investimento e garantir a qualidade e segurança do seu projeto.
- **Elabore processos e procedimentos:** isso significa estruturar etapas bem definidas para cada fase do projeto, desde o planejamento até a entrega, padronizando práticas e documentações. Com processos claros, você evita retrabalhos, reduz custos, cumpre prazos e assegura que todas as atividades estejam alinhadas às normas técnicas e exigências legais.

- **Faça fiscalização de obras:** com a fiscalização de obras, você terá a garantia de que sua construção será realizada dentro dos padrões exigidos, cumprindo todas as normas técnicas, exigências dos projetos e das leis vigentes.
- **Elabore um documento de garantia:** o Manual de Uso, Operação e Manutenção, regido pela NBR 14037:2024, é um documento obrigatório que orienta sobre o uso correto, operação eficiente e manutenção adequada dos sistemas e componentes de um edifício. Esse manual não só resguarda tanto o construtor quanto o proprietário, como também especifica as garantias e responsabilidades de ambas as partes.
- **Faça uma inspeção de entrega:** a inspeção de entrega do empreendimento resguarda tanto o construtor quanto o incorporador, garantindo que a obra seja entregue conforme o acordado. Esse processo permite identificar possíveis falhas nos sistemas e realizar reparos necessários antes da entrega final ao proprietário.

Com a aplicação dessas cinco principais estratégias, as construções e investimentos imobiliários terão significativamente mais efetividade, assegurando não apenas segurança, qualidade e durabilidade, mas também um retorno mais robusto. Além disso, contribuirá para a redução de conflitos técnicos, tanto judiciais quanto extrajudiciais, promovendo um ambiente mais seguro e eficiente para todas as partes envolvidas.

Hoje, eu me sinto profundamente realizada por liderar uma empresa que não só gera empregos e cria valor, mas também faz uma diferença genuína na vida das pessoas. A notoriedade que conquistei não se deve apenas ao conhecimento técnico, mas ao impacto transformador que consigo proporcionar na vida de todas as pessoas.

Não cheguei até aqui sozinha. Deus tem sido meu guia, e as pessoas e oportunidades em meu caminho reforçam meu propósito. Cada passo é iluminado por Ele, motivando-me a gerar impacto positivo e ajudar outros a fazerem escolhas mais seguras no mercado imobiliário.

Karen Marques

“Ao acreditar no nosso potencial, abrimos portas para impactar a vida de outras pessoas e deixar uma marca positiva no mundo.”

Laila Melo

Sou Laila Melo, natural de Fortaleza/CE, casada há dezessete anos, mãe de dois filhos. Moro no Eusébio, região metropolitana de Fortaleza, no condomínio Quintas do Lago, que é uma referência de moradia horizontal no Ceará, perfil de produto que sou especialista.

Ingressei no mercado imobiliário em 2009, incentivada pelo meu marido, que foi e é um grande apoiador dessa jornada. Abri uma imobiliária, atuei e tenho um correspondente bancário, me especializei em todas as demandas do processo de venda. Foram milhares de negociações intermediadas e uma vasta experiência no dinamismo do mercado.

Nem sempre fui uma corretora de sucesso e bem-remunerada. Passei por um longo processo e muitas situações que me fizeram crescer, foram muitos anos de aprendizado, muita documentação analisada, um longo banco de dados de negociações para ter *expertise* e avaliar imóveis na prática e, sim, muita paciência. Mas valeu a pena, e ainda vale.

+55 (85) 98773-5675

lailamelo@lailameloimoveis.com.br

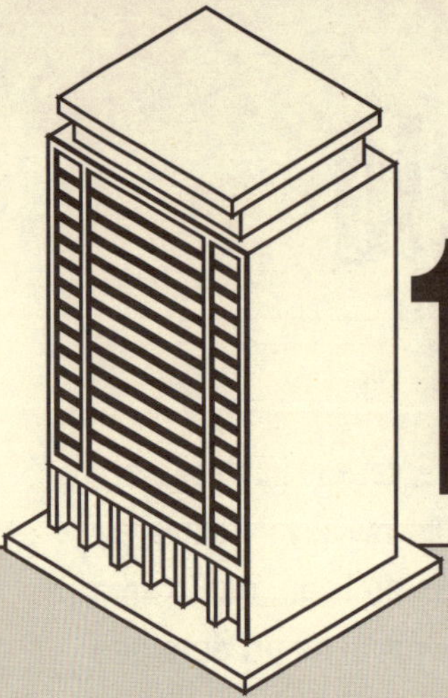

18 VENDA CONSULTIVA: COMO SER MAIS DO QUE UM VENDEDOR DE IMÓVEIS

Por Laila Melo

A venda consultiva no setor imobiliário é uma abordagem diferenciada que coloca o cliente no centro das atenções. Ela requer do corretor uma escuta ativa e um entendimento profundo das necessidades e expectativas de cada comprador. Em vez de focar exclusivamente o imóvel, o consultor adota uma postura colaborativa, buscando compreender o que o consumidor realmente almeja – muitas vezes, indo além das características físicas da propriedade. Esse método agrega valor ao atendimento, pois o foco não está na transação imediata, mas na construção de uma relação de confiança e fidelização, que pode gerar recomendações e novas oportunidades no longo prazo.

Minha trajetória de quatorze anos nesse setor me ensinou a importância de um atendimento humanizado e empático. Desde o começo, sempre priorizei a satisfação do comprador em vez da pressa para concluir um negócio. Esse compromisso construiu um estilo de atendimento centrado no comprador, em que cada transação se torna única e personalizada. A maioria dos investidores que atendo hoje chega por indicação de antigos clientes, que se sentiram bem acolhidos e satisfeitos com o serviço oferecido. Esse modelo não é baseado em volume, mas na qualidade das conexões, o que cria uma rede de contatos sólida e um retorno constante, mesmo em um ramo em que a frequência de compra é reduzida.

A negociação estratégica se aplica a todas as áreas do mercado imobiliário, desde terrenos até imóveis de alto padrão, mas requer dedicação e especialização. Escolhi concentrar meu trabalho em uma região específica, na qual atendo a uma ampla variedade de produtos, desde apartamentos, casas e terrenos. Com o tempo, eu me especializei em imóveis de luxo em condomínios horizontais, onde os interessados buscam uma experiência de compra mais personalizada e detalhada. Esse nicho demanda um conhecimento profundo não só dos produtos, mas também das preferências e dos perfis dos usuários, exigindo um trabalho extra de pesquisa e preparação.

Em um mercado em que muitos corretores ainda seguem uma estratégia tradicional, voltada exclusivamente para a comercialização, a consultoria se destaca ao valorizar a experiência e a segurança de quem busca um imóvel. Esse estilo transforma compradores em parceiros, criando laços duradouros e, frequentemente, facilitando o processo de negociação, pois o demandante percebe que suas necessidades foram realmente compreendidas e respeitadas. Porém, adotar essa postura exige um comprometimento adicional do profissional.

Para atuar como um verdadeiro consultor, o especialista em transações imobiliárias precisa superar as expectativas tradicionais de um vendedor. Desenvolver uma escuta ativa e empática significa estar atento às necessidades conscientes e inconscientes do comprador. Essa perspectiva exige mais do que simplesmente oferecer uma propriedade; requer a habilidade de traduzir informações complexas sobre o mercado – como detalhes específicos das regiões, tipos de imóveis e tendências – em orientações práticas, que capacitem o contratante a fazer escolhas seguras e bem-informadas. Assim, a negociação personalizada se torna mais que uma técnica: transforma-se em um processo de aprendizado contínuo e em uma construção de confiança mútua.

Esse trabalho, no entanto, demanda comprometimento e um sólido conjunto de conhecimentos que muitos corretores ainda não dominam. O profissional com uma carteira limitada de imóveis ou pouco entendimento do mercado tende a oferecer alternativas menos alinhadas às necessidades do público-alvo, o que enfraquece o vínculo e deixa de proporcionar o suporte necessário para que ele se sinta seguro. Nesse cenário, quem deseja adotar a consultoria consultiva deve investir na diversificação do portfólio e na constante atualização sobre o setor.

Por outro lado, os desafios enfrentados pelo comprador também são significativos. Adquirir um imóvel é uma decisão complexa e pouco frequente, marcada por inseguranças e o receio de arrependimentos futuros. A falta de confiança na relação com o corretor intensifica esses sentimentos, pois muitos ainda veem o profissional como alguém focado unicamente no lucro. Culturalmente, existe uma resistência em confiar plenamente no corretor, o que leva o comprador a adotar uma postura defensiva durante a negociação, dificultando o processo.

Contudo, quando o solicitante chega ao corretor por meio de uma recomendação, essa barreira inicial tende a ser menor. Uma indicação funciona como um voto de confiança, permitindo que o profissional inicie o atendimento com uma vantagem. O potencial comprador recomendado já traz uma percepção favorável, facilitando a criação de um vínculo e tornando a experiência mais tranquila.

A consultoria consultiva imobiliária redefine a maneira como o atendimento é conduzido, mudando o foco do produto para a satisfação do cliente. Nessa abordagem, o comprador se sente mais confortável para compartilhar suas dúvidas e expectativas, ciente de que o especialista dedicará tempo para buscar a melhor solução.

Essas experiências mostram o impacto de uma intermediação estratégica nas soluções imobiliárias, que ultrapassa a simples oferta e se concentra em atender às verdadeiras necessidades de cada um.

Quando o corretor inicia o atendimento sem a capacidade de identificar as necessidades do solicitante – tanto as explícitas quanto as implícitas –, compromete a eficácia do processo. Sem uma escuta atenta e uma compreensão clara do que realmente importa para o comprador, as opções apresentadas podem não estar alinhadas com os desejos e as expectativas dele. Esse desalinhamento gera frustração, pois o consumidor se sente desvalorizado e insatisfeito com as alternativas oferecidas.

Além disso, o proprietário do imóvel também é prejudicado, pois sua propriedade passa por um processo de negociação que, desde o início, possui baixas chances de sucesso. Esse tempo investido sem resultados impacta negativamente todos os envolvidos. O investidor sente que está desperdiçando tempo em uma busca improdutiva, enquanto o corretor perde a oportunidade de criar uma conexão e construir uma relação de confiança. A personalização do atendimento, portanto, é essencial para evitar esses desencontros e proporcionar uma experiência realmente satisfatória.

Quando o consultor não adota uma ação personalizada, enfrenta uma série de consequências negativas. Sem um entendimento profundo dos desejos da pessoa, a experiência de atendimento se torna fragmentada e desorganizada. Ele percebe essa falta de sintonia, o que não só prolonga o processo de compra, mas também reduz significativamente as chances de fechamento. Assim, o consultor acaba investindo tempo em negociações que, desde o princípio, têm pouca probabilidade de sucesso.

Somado a isso, quando o atendimento é personalizado e centrado exclusivamente no consultor, cria-se uma dependência direta da presença desse profissional. Muitas vezes, os interessados preferem continuar o processo exclusivamente com o consultor inicial, dificultando a possibilidade de delegar o atendimento a colegas em sua ausência. Esse modelo gera uma centralização do atendimento e, embora promova fidelização, compromete a escalabilidade do trabalho.

No entanto, construir uma imagem de confiança e visibilidade é essencial para um consultor que busca criar um relacionamento duradouro como seu público. Porém, mesmo em uma intermediação bem-sucedida, o usuário final pode, com o tempo, esquecer o consultor, por isso a importância de manter a visibilidade por meio das estratégias de marketing atuais.

Para alcançar uma negociação eficaz, é essencial que o consultor se posicione no mercado, demonstrando suas habilidades e seu diferencial. Mesmo para aqueles que, por natureza, não são inclinados às redes sociais, a presença on-line se tornou indispensável para garantir que não seja esquecido. A exposição constante ajuda a manter a imagem do consultor viva, facilitando que ele seja lembrado e indicado para novas oportunidades.

Para profissionais que estão começando ou que ainda não têm uma base consolidada, a construção de uma rede de contatos e um portfólio diversificado é essencial. Participar de eventos e se conectar com colegas e potenciais empreendedores são maneiras de ampliar as oportunidades e obter a experiência necessária para oferecer um atendimento consultivo de qualidade. Assim, o consultor pode diversificar sua oferta de produtos, evitando a restrição de uma carteira limitada de imóveis e fortalecendo sua presença no mercado.

O sucesso da negociação não está apenas em concluir um contrato, mas em criar uma experiência tão positiva que o consumidor se sinta seguro em recomendar o consultor a familiares e amigos, gerando um ciclo de referências que é importante para a continuidade e o crescimento sustentável no mercado imobiliário.

É importante destacar a prioridade constante em focar as pessoas, mais do que as propriedades. A negociação orientada vai além de exibir imóveis, como já dito; é entender a realidade e os desejos únicos de cada um. Cada negociação é uma chance de interpretar necessidades sutis e proporcionar uma experiência única e acolhedora.

Para encerrar, certa vez atendi uma família que buscava não apenas um imóvel, percebi que eles queriam uma mudança imediata e significativa. Esse era um momento de renovação em suas vidas e meu papel foi encontrar um espaço que acolhesse essa nova fase deles. Ao compreender essa urgência e evitar imóveis que não estivessem prontos, conseguimos um resultado rápido e satisfatório. Outro exemplo foi o de um casal que compartilhou detalhes e inspirações importantes junto aos filhos. Quando um dos meninos me mostrou imagens do estilo de casa que sonhava, foi possível apresentar uma opção que atendia a esse gosto. A identificação foi imediata e o processo de decisão aconteceu de forma natural.

Essa capacidade de escutar ativamente e captar o que realmente importa transforma o processo de compra em uma experiência significativa e memorável.

Laila Melo

“No aconselhamento imobiliário, o imóvel é importante, mas as pessoas vêm em primeiro lugar.”

Lauro Braga

Sou Lauro Braga, natural de Maceió/AL, impulsionado por três grandes motivos: minha esposa, Roberta Sampaio, minha principal incentivadora, e meus filhos, Arthur e Maria Luiza.

Sou profissional de marketing, navegando no mercado imobiliário como CEO da Jarvis Inteligência Imobiliária, a primeira empresa de marketing que vende imóveis no Brasil. Minha missão é conectar, inspirar e facilitar a descoberta, transformando desafios em oportunidades.

Enquanto muitos se limitam ao que já existe, eu escolho enxergar possibilidades além do óbvio. Essa visão me guia em cada projeto, sempre em busca de soluções inovadoras. Estou comprometido em deixar uma marca significativa, construindo um novo mercado imobiliário.

laurofbraga
laurobraga
corretorismo.com.br

DO SONHO AO SUCESSO

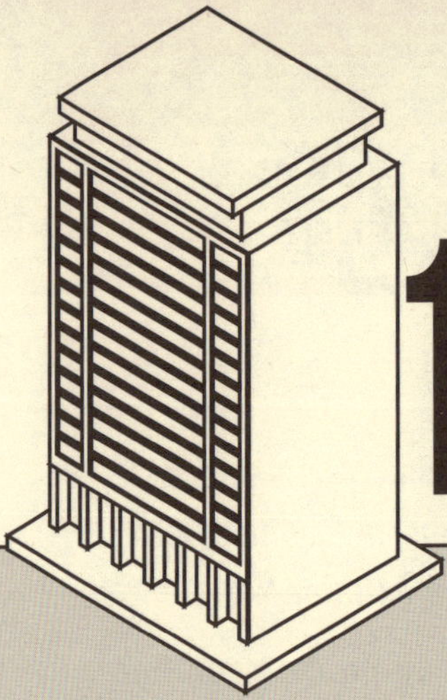

19 COMO AVALIAR E SELECIONAR IMÓVEL PARA INVESTIMENTO

Por Lauro Braga

Investir em imóveis vai além de escolher uma propriedade; requer uma análise cuidadosa na qual detalhes fazem a diferença entre lucro e perda. Neste capítulo, vamos ver os critérios que todo investidor deve avaliar, baseados em seis pilares fundamentais.

Enfrentamos o maior desafio da história do mercado imobiliário brasileiro, mas poucos discutem isso. O ciclo de expansão de 2020 a 2022 foi dos melhores, criando uma "memória" distorcida entre construtores, compradores e corretores. Os construtores lançaram produtos rapidamente, focados nas vendas e não nas necessidades dos investidores; compradores esperaram valorização imediata, esquecendo que imóveis são investimentos de médio e longo prazos; e corretores se acomodaram com o sucesso, negligenciando o aprendizado contínuo.

Em 2025, entramos em um novo ciclo de excesso de oferta, demanda menor e clientes mais seletivos, com estoques elevados. O cliente se sente angustiado ao ter que escolher entre empreendimentos muito semelhantes.

Por isso, em 2022, desenvolvi a metodologia Os Códigos do Retorno, mapeando produtos compactos no Brasil para identificar padrões de alta performance. Criamos na Jarvis um núcleo de inteligência para transformar essas informações em dados úteis para construtores, orientando empreendimentos focados em resultado. Esses seis pilares definem os fundamentos de qualquer projeto que busque rentabilidade real.

Pilar 1 – Segurança jurídica

Esse deveria ser um tema obrigatório, não um diferencial. O Brasil, com suas vastas diferenças regionais, apresenta variações nas práticas de mercado e na burocracia para obter licenças e registros de empreendimentos. Os lançamentos imobiliários são regidos pela Lei das Incorporações (nº 4.591/1964) e é esperado que ela seja cumprida. Porém, na prática, muitas incorporadoras, preocupadas com o *timing* do mercado, começam a vender antes de obter as licenças necessárias.

O Art. 32 da lei estabelece que a venda só pode ocorrer após o registro do memorial de incorporação no cartório competente. A divulgação de material publicitário ou tabela de vendas também é proibida antes desse registro. O parágrafo 3º obriga que o número do registro e o cartório competente constem em anúncios, contratos e propostas.

Essa prática tem gerado transtornos no mercado, com alterações nos projetos durante o processo de aprovação, como mudanças nas áreas privativas ou remoção de ambientes de lazer. Tais modificações, muitas vezes impostas ao cliente após a venda, geram insatisfação. A responsabilidade não é apenas do incorporador, mas também do corretor, que deve focar oferecer imóveis regularizados.

Infelizmente, muitos corretores negligenciam a Lei das Incorporações por desconhecimento ou pelo foco na venda imediata. Para mudar isso, criei o movimento Corretorismo, que traz a mentalidade empresarial para a corretagem. A educação é a chave para um mercado mais ético e consciente, em que seguir as normas será a única escolha, independentemente da concorrência.

Pilar 2 – Ciclo do empreendimento

No ciclo de obra de um empreendimento imobiliário, o planejamento de datas para início e término da construção não é apenas uma formalidade – é o alicerce para a viabilidade financeira do projeto e para a confiança dos investidores e clientes. Quando um empreendimento tem um cronograma bem-definido, é possível antecipar com maior precisão os retornos sobre o investimento, mantendo a credibilidade junto aos compradores e garantindo que os recursos sejam empregados de maneira eficiente.

Embora atrasos na entrega das obras sejam problemáticos, o grande vilão nos empreendimentos é o atraso no início das construções. Prazos como 48 meses após o registro do memorial de incorporação costumam ser cumpridos, mas o problema é que não há um prazo para registrar esse memorial. Na prática, muitas construtoras levam de um a três anos para iniciar a obra e, uma vez iniciada, entregam "no prazo".

Essa prática é mais comum do que parece – vantajosa para a construtora, mas prejudicial ao cliente. Para a construtora, o tempo entre o início das vendas e o começo das obras ajuda na captação de recursos e reduz a exposição de caixa. Para o cliente, porém, isso significa pagar mais pela correção do Índice Nacional de Custo da Construção (INCC) e perder retorno financeiro com a rentabilidade do imóvel. Ao comparar um empreendimento com ciclo de 36 meses com outro de 60, o primeiro tende a ter um custo-benefício superior, mesmo que o valor do metro quadrado seja um pouco mais alto, pois evita essas perdas financeiras invisíveis.

Estabelecer uma data de início e, principalmente, uma data de conclusão clara auxilia na organização dos recursos e na satisfação de todas as partes envolvidas. Além disso, um cronograma cumprido é sinal de profissionalismo e seriedade por parte da construtora, refletindo-se em novas oportunidades e na fidelização do cliente.

Pilar 3 – Fluxo de pagamento

No planejamento financeiro de um empreendimento imobiliário, o fluxo de pagamento é essencial para assegurar a saúde financeira tanto do cliente quanto do investimento. A definição do percentual ideal a ser pago durante a obra é estratégica: ao distribuir os pagamentos de maneira equilibrada, o cliente reduz a exposição ao reajuste do INCC e evita sobrecarregar o orçamento.

Pagar uma parcela significativa durante a obra, em vez de concentrar o valor na entrega das chaves ou financiar uma quantia muito alta ao final, pode ser mais rentável. Isso ocorre porque o valor pago ao longo da construção sofre menos correção do que os montantes postergados, diminuindo o impacto dos juros futuros e da inflação. Esse fluxo inteligente de pagamentos também permite que o cliente aumente seu retorno financeiro e mantenha o custo total do imóvel mais previsível.

O ideal, em um produto para investimento, é que o valor pago durante a obra fique entre 35% e 50%. Abaixo de 35%, o saldo final será elevado, gerando uma parcela alta no final. Acima de 50%, aumenta-se a exposição de caixa, o risco e o custo do capital. Planejar esse fluxo ideal é, portanto, uma forma de maximizar o valor do investimento, aproveitando melhor o capital ao longo do ciclo do empreendimento.

Pilar 4 – Conceito do produto

Ao definir o conceito de um empreendimento imobiliário para investimento, é crucial antecipar as tendências de mercado e alinhar o projeto às expectativas específicas do público-alvo. Como a concepção até a entrega pode levar de quatro a seis anos, há o risco de o produto se tornar obsoleto ao longo do processo. Por isso, o planejamento começa com uma análise detalhada das demandas e preferências do cliente que se deseja atrair, considerando fatores como localização, comodidades e estilo de vida.

Escolher os serviços e as facilidades ideais, sem diversificar demais o perfil do público, contribui para manter a identidade clara do produto. Misturar excessivamente públicos distintos pode comprometer a atratividade do imóvel, gerando dificuldades tanto na valorização quanto na revenda ou locação. Uma proposta bem-direcionada gera maior sinergia com o mercado-alvo, favorecendo a taxa de ocupação, o retorno sobre o investimento e o diferencial do empreendimento em um mercado cada vez mais competitivo.

Pilar 5 – Gestão

A gestão de um empreendimento imobiliário voltado para investimento é um dos pilares para garantir a valorização do imóvel e a satisfação dos investidores. É fundamental contar com empresas sérias e experientes, que assumam tanto a administração do prédio quanto a gestão dos apartamentos individuais.

Uma boa gestão do empreendimento abrange desde a operação e manutenção das áreas comuns até a decoração e funcionalidade dos próprios apartamentos. Nos espaços coletivos, a atenção ao *design* e à eficiência das instalações é essencial para atrair e reter inquilinos e compradores. Nos apartamentos, uma gestão bem-cuidada que se preocupe com detalhes decorativos e com a manutenção regular aumenta a taxa de ocupação e assegura um retorno mais consistente ao investidor.

Empresas especializadas em administração imobiliária trazem não apenas eficiência, mas também uma visão de mercado que permite adaptar o imóvel às tendências e preferências dos clientes ao longo do tempo. Isso cria um ciclo de valor que se reflete na longevidade e rentabilidade do investimento.

Pilar 6 – Valorização + rentabilidade

Ao avaliar a rentabilidade de um empreendimento imobiliário para investimento, é essencial considerar não apenas a valorização do imóvel, mas também a rentabilidade acumulada ao longo do tempo. Juntos, esses dois fatores fornecem uma visão completa do retorno do investimento.

O período ideal para essa análise é de cerca de dez anos, pois permite capturar ciclos do mercado, períodos de valorização e flutuações econômicas que afetam o setor. A valorização reflete o quanto o imóvel aumentou em valor devido a fatores como localização, desenvolvimento urbano e melhorias na infraestrutura. Já a rentabilidade representa o retorno obtido com a locação ou outra forma de ocupação do imóvel durante o período.

Somando valorização e rentabilidade, o investidor consegue uma medida mais realista e completa do desempenho do empreendimento. Esse cálculo evita decisões baseadas em resultados de curto prazo e oferece uma perspectiva sólida sobre o potencial de crescimento e a segurança do investimento imobiliário em longo prazo.

Seguir essa metodologia é mais do que apenas aplicar critérios de seleção – é construir uma estratégia sólida e consciente que se adapte ao perfil do investidor e às tendências de mercado. Ao considerar cada um dos pilares com a devida atenção, o investidor reduz riscos, aumenta as chances de valorização e garante que seu patrimônio seja preservado e multiplicado ao longo do tempo.

Portanto, o sucesso no investimento imobiliário não vem de uma análise superficial, mas de uma abordagem metódica, em que cada pilar desempenha um papel crítico. Com essa base sólida, o investidor pode tomar decisões embasadas e confiantes, transformando seu portfólio imobiliário em uma fonte contínua de crescimento e segurança financeira.

Referência bibliográfica

BRASIL. Lei nº 4.591, de 16 de dezembro de 1964. Dispõe sobre o condomínio em edificações e as incorporações imobiliárias. *Diário Oficial da União.* Seção 1, 21 dez. 1964, p. 11.682.

Lauro Braga

“O caro é a ideia.”

Lillian Thais

Sou Lillian Thais, filha de Angela Pagung e natural de Serra/ES. Tenho muito orgulho do meu estado, que encanta com suas belezas naturais. Sou advogada e corretora de imóveis, pós-graduada em Direito Imobiliário, especialista em Direito Imobiliário Extrajudicial e CEO do escritório LT Advocacia e Consultoria Jurídica.

Foi o exemplo de determinação e resiliência da minha mãe que me guiou até aqui. Cada conquista é um reflexo do sacrifício dela em ser mãe solo e a dedicação para me tornar a mulher e a advogada que sou hoje.

Este capítulo é um símbolo do nosso caminho e do de várias outras famílias que passaram pelos mesmos desafios, mas que possuem um desejo ardente de mudar a própria história.

lillian.adv

+55 (27) 99309-7958

lillianthais.adv@gmail.com

pagungimoveis@gmail.com

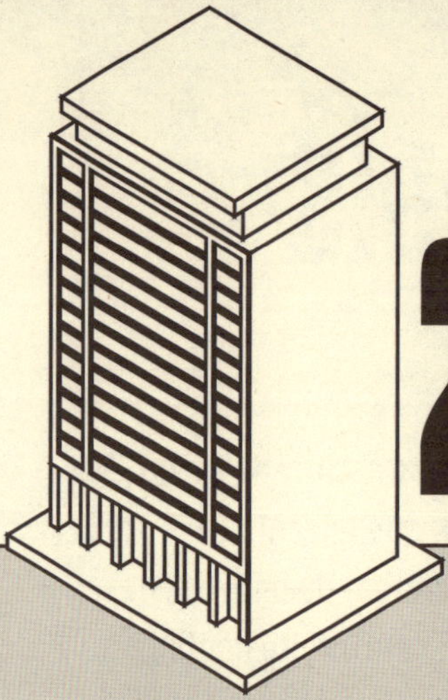

20 O IMPACTO DA LEGISLAÇÃO E ATUALIDADES NO MERCADO IMOBILIÁRIO

Por Lillian Thais

Primeiramente, inicio abordando como o mercado imobiliário atingiu de forma positiva a minha vida. Ao ingressar na área do Direito, comecei atuando na área criminal e da família. No decorrer do tempo, reencontrei um grande amigo que me influenciou e me trouxe para o mercado imobiliário – leilão de imóveis – e me fez enxergar quanta prosperidade essa área traz para a vida pessoal e profissional.

Por meio de muitos estudos e com o apoio do meu esposo para o aperfeiçoamento, identifiquei as dificuldades tanto da sociedade quanto dos profissionais na resolução das demandas imobiliárias e observei que no mercado imobiliário é fundamental desenvolver habilidades de negociação, comunicação e uma capacidade única de antecipar tendências.

O conhecimento aprofundado das regulamentações/legislações e do mercado local permite ao profissional entregar valor ao cliente e se destacar no mercado. Com persistência e capacidade de se reinventar, o **sonho de sucesso no mercado imobiliário** deixa de ser um distanciamento ideal e se torna uma carreira promissora.

Esse tema irá abordar de forma prática o entendimento sobre imóveis e explorar as recentes transformações do direito imobiliário extrajudicial que moldam e impactam o futuro do setor, com destaque para os desafios e as adaptações necessárias para que o mercado continue a prosperar de maneira sustentável e eficiente.

O papel da legislação no mercado imobiliário

Em um cenário crescente na demanda do mercado imobiliário, a legislação é o principal recurso para identificar os possíveis riscos em uma compra e venda e nos registros imobiliários.

A legislação imobiliária exerce um papel fundamental na segurança jurídica do setor, protegendo tanto compradores quanto vendedores em suas transações. Leis como o Código Civil Brasileiro (Lei nº 10.406/2002) e a Lei de Incorporações Imobiliárias (Lei nº 4.591/1964) regulam as obrigações e os direitos das partes envolvidas, prevenindo conflitos judiciais e protegendo os investidores de fraudes.

O código civil é uma das principais seguranças jurídicas, que deve nortear todos os trâmites burocráticos, para que o profissional busque solução do problema identificado.

Já a Lei nº 13.465/2017, conhecida como a Lei de Regularização Fundiária, por exemplo, tem sido um marco no processo de inclusão social e na redução das desigualdades urbanas, permitindo a regularização de imóveis em áreas de ocupação irregular, conferindo aos proprietários títulos de propriedade legal.

Além disso, o registro de imóveis é outro fator crucial, sendo obrigatório para formalizar a posse e a propriedade do imóvel. Sem o devido registro, as partes envolvidas podem sofrer prejuízos consideráveis e a falta de documentação adequada pode resultar em longos processos judiciais. Portanto, a legislação proporciona uma base sólida para que transações imobiliárias sejam realizadas de forma transparente e segura.

Em meio às mudanças, o direito imobiliário extrajudicial permite que operações complexas, como o registro de imóveis, doações, averbações, retificações de área, usucapião, sejam realizadas nos cartórios sem a necessidade de litígios prolongados no Judiciário, visando a mais autonomia e protagonismo aos envolvidos nas negociações imobiliárias.

Com isso, surge a **desjudicialização** dos conflitos relacionados aos imóveis em que simplifica, agiliza e reduz a sobrecarga do Judiciário promovendo segurança jurídica para todos os atos realizados. Ao mesmo tempo, permite que os tribunais concentrem seus recursos em casos mais complexos e de litígio que realmente necessita de uma decisão judicial.

No entanto, é essencial que o arcabouço legislativo esteja em constante atualização para refletir as novas realidades econômicas, sociais e ambientais. À medida que o mercado imobiliário evolui, especialmente com o avanço da tecnologia e novas formas de ocupação urbana, a legislação precisa acompanhar essas mudanças para continuar sendo um elemento de estabilidade e crescimento no setor.

As novas tecnologias no setor imobiliário e a era extrajudicial

As tecnologias digitais são uma das maiores revoluções que estão mudando a forma de compra, venda e gestão dos imóveis e que estão transformando o setor imobiliário de maneira profunda. Com o avanço da era extrajudicial, muitos procedimentos antes limitados ao âmbito judicial estão sendo realizados em cartórios e por meios eletrônicos, o que oferece agilidade e eficiência. Essas mudanças impulsionam o setor com a integração de ferramentas digitais, inteligência artificial, *blockchain* e plataformas on-line, que facilitam transações, conferem segurança e reduzem a burocracia.

Atualmente, as plataformas on-line estão simplificando o processo de busca, negociação e registro permitindo que os compradores e vendedores realizem suas transações de uma forma segura, ágil e transparente. Além disso, estão transformando as experiências dos clientes na visitação virtual sem a necessidade de agendar um horário para que o comprador e o vendedor se desloquem até o imóvel. Outras tecnologias estão na utilização de drones para verificar a área e a inteligência artificial (IA), para mensurar o valor de mercado com dados mais precisos e estratégicos.

Já no registro dos imóveis, o sistema Operador Nacional do Serviço Eletrônico de Imóveis (ONR) tem por objetivo modernizar e simplificar os registros de imóveis, em que permite que os cartórios se conectem a uma plataforma digital, facilitando o acesso a serviços como certidões, matrículas e transferências de titularidade. A ONR é uma das ferramentas que tem proporcionado agilidade, eficiência e segurança em que democratiza o processo e permite que qualquer pessoa realize a operação de forma remota.

Ademais, a assinatura digital e a identidade digital se tornaram recursos fundamentais para formalizar documentos remotamente, permitindo que transações sejam realizadas sem a necessidade de presença física. Esse avanço é especialmente útil para procedimentos extrajudiciais, tornando o processo mais rápido e menos burocrático.

A era digital está cada vez mais tomando o espaço do físico e fazendo com que tudo seja de forma mais rápida, com a finalidade de **desburocratizar** as demandas no mercado imobiliário.

Regulamentação e regularização dos imóveis

A legislação e a regulamentação continuam desempenhando um papel central na evolução do mercado imobiliário. Novas leis, como as que facilitam a regularização fundiária e promovem a desburocratização de processos imobiliários, estão ajudando a tornar o setor mais acessível e ágil. A Lei nº 14.118/2021, que institui o Programa Casa Verde e Amarela, por exemplo, busca ampliar o acesso à moradia de baixa renda no Brasil, reformando o programa Minha Casa, Minha Vida, com novas diretrizes e incentivos.

Essas políticas são fundamentais para o mercado imobiliário, pois incentivam a construção de habitações populares e permitem que construtoras e incorporadoras se beneficiem de incentivos fiscais e subsídios governamentais.

O impacto dessas legislações é significativo tanto para o setor da construção civil quanto para a população. Por um lado, o mercado imobiliário ganha impulso com o aumento da demanda por imóveis de baixa renda, o que também gera empregos e movimenta a economia. Por outro lado, milhares de famílias têm acesso à casa própria, promovendo a inclusão social e reduzindo o déficit habitacional no país. Contudo, para que as políticas habitacionais sejam eficazes, a legislação precisa ser bem-estruturada, garantindo o cumprimento dos objetivos de acessibilidade à moradia e respeitando os princípios de sustentabilidade e urbanização planejada.

Outro aspecto relevante no setor imobiliário é o impacto positivo na regularização fundiária, especialmente em áreas urbanas e rurais ocupadas irregularmente. A legislação trouxe novos mecanismos para a regularização de propriedades, permitindo que muitas famílias de baixa renda, que vivem em áreas irregulares, possam obter a titularidade de seus imóveis sem recorrer ao Judiciário. Isso tem um efeito direto na melhoria da qualidade de vida, já que a posse legal de um imóvel gera segurança patrimonial e facilita o acesso ao crédito.

De acordo com o Ministério de Desenvolvimento Regional e o Colégio Notarial do Brasil, existem cerca de trinta milhões de domicílios em situação irregular no Brasil, em que a população não sabe como resolver ou não possuem amparo educacional e financeiro para a devida regularização.

Dessa forma, em áreas urbanas e rurais, todas as pessoas que necessitam da regularização, através de um profissional especializado, podem buscar o cartório para promover a regularização fundiária de propriedades ocupadas irregularmente objetivando a descentralização do serviço. Esse processo permite que moradores obtenham o título de propriedade de suas casas ou terrenos.

Considerações finais

O futuro do mercado imobiliário será determinado por sua capacidade de adaptação às novas demandas sociais, tecnológicas e ambientais. As transformações recentes, desde a digitalização até as preocupações com sustentabilidade e novas formas de habitar, apontam para um setor mais flexível, eficiente e conectado. Para aqueles que atuam no setor, é necessário acompanhar essas tendências e inovar com agilidade será fundamental para prosperar nesse cenário em rápida evolução.

As ferramentas digitais, com a modernização dos cartórios, contribuem para uma experiência mais eficiente tanto para clientes quanto para profissionais atuantes na área que mais cresce no mercado. Sempre digo que quanto maior a população, maior será o crescimento do setor imobiliário.

Ao ler todo o tema, é possível identificar as **palavras-chaves** para traduzir os segredos e estratégias quanto às mudanças e o impacto no setor imobiliário definido na criação do **Método 3 Ds: Desjudicialização, Desburocratização e Descentralização no setor imobiliário**, em que é um conjunto de pilares que visa acelerar e modernizar a forma que os procedimentos imobiliários são geridos e ampliando o acesso aos serviços essenciais.

Referências bibliográficas

BRASIL. *Lei nº 10.406, de 10 de janeiro de 2002.* Institui o Código Civil. *Diário Oficial da União*. Seção 1, Brasília, DF, ano 139, n 8, p. 1-74, 11 jan. 2002.

BRASIL. Lei nº 4.591, de 16 de dezembro de 1964. Dispõe sobre o condomínio em edificações e as incorporações imobiliárias. *Diário Oficial da União.* Seção 1, Brasília, DF, p. 11.682, 21 dez. 1964.

BRASIL. Lei nº 14.118, de 12 de janeiro de 2021. Institui o Programa Casa Verde e Amarela; altera as Leis nº 8.036, de 11 de maio de 1990, 8.100, de 5 de dezembro de 1990, 8.677, de 13 de julho de 1993, 11.124, de 16 de junho de 2005, 11.977, de 7 de julho de 2009, 12.024, de 27 de agosto de 2009, 13.465, de 11 de julho de 2017, e 6.766, de 19 de dezembro de 1979; e revoga a Lei nº 13.439, de 27 de abril de 2017. *Diário Oficial da União.* Seção 1, Brasília, DF, p. 1, 13 jan. 2021.

MAIA, W. C. G. *Manual de regularização fundiária.* São Paulo: Editora BH, 2024.

“

Lillian Thais

Construir uma carreira de sucesso no mercado imobiliário exige visão, dedicação e resiliência para transformar metas em conquistas.

”

Luan Ed George

Sou Luan Ed George, natural de São José do Rio Preto/SP, casado há nove anos com Juliana, e pai de duas meninas, Gabriela e Maria Eduarda.

Empresário especialista no mercado imobiliário, CEO da Ellu Engenharia e LEG Leilões. Na minha trajetória, já alcancei mais de R$ 1 bilhão em vendas como gestor, construí mais de duzentas casas e arrematei mais de setenta imóveis em leilões. Aos 28 anos, no primeiro ano de empresa, faturei R$ 2 milhões; aos 33, atingi meu primeiro milhão.

Nasci na periferia, mas nunca deixei que isso limitasse meus sonhos. Acredito que mudar de vida é, uma questão de mentalidade. Quero inspirar jovens a entenderem que não precisamos aceitar os rótulos que a sociedade tenta nos impor. Se eu tivesse aceitado, talvez hoje eu estivesse preso ou morto.

luanedgeorge
elluconstrutora
leg_imoveisdeleilao
+55 (17) 99191-7550

21 COMO IDENTIFICAR OPORTUNIDADES DE INVESTIMENTO IMOBILIÁRIO

Por Luan Ed George

Não permiti que as circunstâncias determinassem meu futuro, tampouco que me colocassem em uma prisão ou me levassem a um destino trágico. Tomei a decisão de lutar por uma vida melhor, acreditando que era possível, mesmo quando tudo ao meu redor dizia que não.

Nasci na periferia, filho de empregada doméstica e de pedreiro. Minha infância foi marcada pela humildade e por muita necessidade. Morávamos em uma casa simples, sem reboco nas paredes, sem portão, sem muros – apenas o chão de concreto e o quintal de terra. Cresci em meio a risadas e brincadeiras na rua com amigos, um tempo em que as preocupações pareciam distantes. No entanto, minha realidade era dura e cruel.

Meu pai, atormentado pelo álcool e pelas drogas, era violento. Eu, meu irmão e minha mãe vivíamos sob o peso constante de suas agressões. Fomos criados em meio a traficantes, bandidos e assassinos, na pior rua do bairro. Era como se estivéssemos em uma guerra diária, tentando sobreviver a cada novo amanhecer. Eu ainda parecia ter um ímã para confusões. Na vida escolar, acumulava as piores notas e a cada ano era transferido para uma nova escola, rejeitado pelos diretores por causa do meu histórico indisciplinado.

Aos 14 anos, tomei a decisão de sair de casa para não cometer o erro de tirar a vida do meu próprio pai em um acesso de raiva e desespero, pois eu já estava em um ponto de ruptura. Tentei morar sozinho, mas logo percebi que estava perdido e sem dinheiro. Foi então que a família da minha tia Lúcia me acolheu, oferecendo-me um teto e o que eu precisava.

Ainda assim, os problemas continuaram a me cercar. Eu parecia preso em um círculo vicioso de más escolhas. Armas, drogas, tiros, prisões e mortes eram parte do meu cotidiano. Eu era constantemente atraído para o mundo do crime pelas companhias que mantinha. O ponto de reflexão aconteceu quando presenciei colegas tirarem a vida de uma pessoa durante um assalto, sem motivo, apenas por crueldade. Foi ali que percebi que precisava urgentemente mudar de vida.

Apesar de todo o sofrimento, minha mãe e minha tia nunca desistiram de mim. Elas sempre me deram amor incondicional, mas eu carregava um vazio profundo, uma falta de direção na vida. Passei por várias igrejas em busca de algo que me preenchesse, mas nada me tocava. Minha mãe, no entanto, nunca deixou de orar por mim, acreditando que um dia eu encontraria o caminho certo. E como diz o ditado, “Água mole em pedra dura, tanto bate até que fura”. Foi assim que conheci Jesus e minha conversão foi como um novo amanhecer em minha vida. Pela primeira vez, senti que havia um propósito para mim, algo maior do que todas as minhas dores e frustrações, pessoas diferentes no qual poderia me espelhar, uma esperança de viver algo sobrenatural.

Contudo, minha jornada estava longe de ser tranquila. Aos 22 anos, já casado e tentando construir uma nova vida, experimentei uma tragédia. Após um almoço tradicional de domingo com meus pais, meu pai, em um ato insano, colocou uma arma na cabeça da minha mãe e puxou o gatilho. Perdi minha mãe de forma brutal, mas acredito que ela sentiu orgulho do homem que eu estava me tornando. **Suas orações, enfim, deram frutos e as pessoas não iriam mais dizer que eu seria morto ou preso.**

Um tempo depois, minha filha nasceu. Era como se um novo ciclo de vida estivesse começando, mas as dificuldades continuavam. Passei por uma crise financeira e perdi tudo. Enfrentei uma separação conturbada e dolorosa e minha ex-mulher não me deixava ver minha filha. Durante um tempo, eu me perguntei de quem era a culpa por todas essas provações – minha, da igreja, dos meus pais, de Deus ou do universo, sei lá. Mas, apesar de tudo, eu escolhi não desistir, não reclamar, transformei a dor em força e comecei do absoluto zero a reconstruir minha vida.

Histórias de prosperidade sempre me tocaram profundamente, especialmente aquelas pessoas da área de vendas. Esse setor me fascinou porque não havia limites para o salário – **quanto mais você vende, mais você ganha**. Muito diferente do setor Administrativo, no qual atuei por um tempo. Lá, percebi que, mesmo com muito estudo, o salário tinha um teto, até mesmo após uma faculdade. Foi então que defini como meta trabalhar em uma área na qual o esforço fosse recompensado sem limites e só o mercado imobiliário me proporcionaria isso.

Ocupar minha mente com trabalho, ter determinação, foco e constância me ajudaram a afastar os pensamentos negativos e deixar para trás as lamentações sobre o passado. Decidi que não seria vítima da sociedade, mas sim uma pessoa honesta, trabalhadora, prospera e um pai presente. No trabalho, mesmo quando os ganhos não correspondiam às minhas funções, sempre pensei e trabalhei como dono. Esse acúmulo de esforços abriu muitas portas e me fez ser valorizado no mercado. Degrau por degrau, conquistei meu espaço. Trabalhei duro até me tornar supervisor comercial de uma empresa, mas, mesmo com a estabilidade, decidi arriscar: pedi demissão para viver 100% de comissões como gerente comercial no mercado imobiliário. **Esse passo ousado me deu asas para voar mais alto.**

Sou profundamente grato por tudo que tenho, mas nunca me contento. Eu me permito sempre buscar mais e ficar atento às oportunidades que se alinham ao meu perfil. No início da minha carreira no mercado imobiliário, adotei um padrão de vida simples, mesmo com comissões altas. Assim, comecei a investir estrategicamente: trocava comissões por terrenos a preço de custo e participava dos lucros como sócio. Isso permitiu multiplicar meus ganhos, beneficiando tanto a mim quanto à empresa. **As permutas são um ótimo atrativo para multiplicação de patrimônio e geração de negócios.**

Com o tempo, passei a gerenciar muitos empreendimentos imobiliários. Apesar dos bons ganhos, as viagens frequentes eram cansativas e perigosas e lidar com imobiliárias que não focavam as vendas era frustrante. Foi então que tive uma ideia: montei equipes de vendas com pessoas que ganhavam salário-mínimo, eu oferecia treinamento e altas comissões. Essa estratégia me trouxe resultados inovadores e me motivou a dar outro passo ousado: abrir minha própria imobiliária, assim eu focava um único empreendimento por vez, essa exclusividade me permitiu receber altas comissões, trabalhar menos e ganhar mais. Um marco nessa jornada foi vender duzentas casas em um único final de semana, com o apoio de apenas uma secretária. **Esse momento foi um divisor de águas, provando que o impossível é apenas uma questão de perspectiva, ousadia e foco.**

Com o sucesso, veio a necessidade de ajustar prioridades. Percebi que eu precisava estar mais presente nas vidas da minha esposa e filhas, pois não queria que crescessem com um pai ausente. Decidi, então, fundar minha própria construtora na mesma cidade onde moro. Graças à experiência adquirida em obras desde os doze anos, trabalhando com meu pai, e ao conhecimento em gestão financeira adquirido em grandes construtoras, comecei essa nova etapa. **Ter conhecimento e saber o que está fazendo é um diferencial para o sucesso.**

No começo, trabalhei com um amigo engenheiro, mas devido à diferença de visões, seguimos caminhos diferentes. Mesmo assim, no primeiro ano, a construtora faturou R$ 2 milhões, mas, quanto mais vendíamos, mais funcionários eram necessários, o que complicava muito a gestão. Após testar vários formatos, encontrei o ponto de equilíbrio: uma estrutura mais enxuta e eficiente e com maior lucratividade; comecei a fazer casas para venda, além das nossas casas; formei grupos de investidores para vender cotas e, após a venda do imóvel, o lucro é dividido, isso me proporcionou ter mais tempo. **Faturar não é lucrar e mais importante do que crescer rápido é crescer com inteligência**. Fique sempre atento aos números e o planejamento da empresa.

Ganhar dinheiro nada mais é do que uma questão de mentalidade e espírito. Podemos vender algo simples e ganhar pouco ou vender uma mansão e faturar alto. O que nos separa dessas oportunidades são o tempo, a vontade e o conhecimento.

Com mais tempo para pensar – pois o ditado já diz, "Quem trabalha não tem tempo para ganhar dinheiro" –, mergulhei em outros mercados e me interessei por imóveis de leilão. Após estudar profundamente, comecei a investir nessa área em paralelo às construções. De olho nas oportunidades, criei uma empresa especializada em leilões e, com isso, consegui o edital da Caixa Econômica Federal para vender seus imóveis. Hoje, somos referência em vendas no interior de São Paulo. **Tenha uma visão clara do seu negócio e fique atento a todas as oportunidades que seu ramo pode oferecer. Pratique a ousadia!**

Meu objetivo sempre foi claro, entender o mercado imobiliário de forma abrangente e construir com eficiência um patrimônio sólido e lucrativo. Por isso, convido você a olhar para o seu negócio com mais atenção. Tenho a convicção de que vai se surpreender e descobrir novos mares.

Por muito tempo, evitei falar do meu passado, talvez por medo de julgamentos ou por não querer reviver memórias dolorosas, mas hoje vejo que minha história tem o poder de inspirar e transformar vidas. Mesmo nos momentos mais sombrios, sempre vai haver uma saída. **Acredite, tudo passa**. Quando entregamos nossos fardos a Jesus, Ele nos guia pelo caminho certo e a vida fica mais leve.

Estar estabilizado hoje pode parecer fácil, mas o caminho foi árduo. A verdade é que precisamos fazer o que deve ser feito e entender que existe um propósito para o que estamos passando. Sei que tudo pelo que passei me preparou para uma missão: inspirar, motivar e levar esperança.

Para todas as mães, eu digo: **nunca desistam de orar pelos seus filhos**. Suas orações têm poder e podem transformar destinos. **Aos jovens, deem valor aos seus pais enquanto há tempo**. A maior dor que carrego é não poder mais compartilhar um almoço com minha mãe; não tive tempo de me despedir, tampouco minhas filhas puderam chamá-la de avó.

A cada amanhecer temos uma nova página em branco, a hora de fazer a diferença é agora, escreva sua história. Deus lhe abençoe!

“

Luan Ed George

Aprendi que mudar de vida nada mais é do que uma questão de mentalidade e espírito.

”

Mateus José Albanaes

Sou Mateus José Albanaes, cofundador da Viplagge Imóveis Selecionados, com minha esposa Tamara Correa. Com dez anos de experiência no mercado imobiliário de Santa Catarina, desenvolvi uma abordagem focada em estratégias de investimentos imobiliários, com ênfase em alto retorno e segurança.

Minha trajetória é marcada pela dedicação em oferecer aos meus clientes a confiança necessária para investir com clareza e assertividade. Além do meu trabalho, tenho uma grande paixão por esportes e música, que me permitem manter o equilíbrio entre o profissional e o pessoal.

Acredito que o sucesso vem da união entre conhecimento, dedicação e o prazer em viver a jornada com qualidade de vida – afinal de contas, o melhor estilo de vida é o seu.

mateusalbanaes

viplagge

Viplagge Imóveis Selecionados

Mateus José Albanaes

mateus@viplaggeimoveis.com

22 A JORNADA DO INVESTIDOR: DO PRIMEIRO IMÓVEL AO PORTFÓLIO DO SUCESSO

Por Mateus José Albanaes

Minha trajetória como corretor de imóveis no mercado imobiliário do litoral catarinense começou há uma década, período em que tive a oportunidade de trabalhar com clientes de diversas partes do Brasil e do exterior, incluindo EUA, Canadá e Europa. Hoje, cerca de 90% das operações que realizo são voltadas para investimentos imobiliários, com foco em negociações de áreas para incorporação, estruturação de lançamentos e estudos de mercado aprofundados, para oferecer aos investidores oportunidades de alta rentabilidade e segurança.

Santa Catarina se destaca nacionalmente pelo desenvolvimento econômico e social, refletido em índices como o de crescimento populacional de 1,66% ao ano, bem acima da média brasileira de 0,52%, de acordo com o censo 2022 (IBGE, 2022). Além disso, a região possui uma infraestrutura robusta, com aeroportos internacionais, portos movimentados e um ambiente de segurança e qualidade de vida que contribui para atrair investidores e turistas. Esse contexto, aliado a uma alta demanda por imóveis de luxo, colocou cidades como Balneário Camboriú/SC e Itapema/SC entre as mais valorizadas do país, com valor médio do metro quadrado que ultrapassa os R$ 12.000, segundo o índice FIPE ZAP (2024).

Entretanto, um desafio recorrente no dia a dia é lidar com clientes curiosos e motivados a investir, mas que desconhecem as etapas e os cuidados necessários para iniciar com segurança no mercado imobiliário. Em um setor extremamente competitivo e acelerado, muitos aspirantes a investidores se sentem perdidos, enquanto investidores mais experientes, por vezes, acabam fechando negócios pouco rentáveis. Essa falta de clareza e de direcionamento estratégico tem levado à frustração de muitos, adiando decisões e resultando em rentabilidades abaixo do esperado.

Para superar os desafios do mercado e garantir resultados consistentes aos clientes, desenvolvi uma tese de investimento imobiliário baseada em quatro pilares essenciais, a qual chamo de "Estrutura imobiliária: os 4 pilares para um investimento seguro e rentável". Comprovada ao longo de anos de experiência, essa metodologia é aplicável a diversas regiões, mas foi validada no litoral de Santa Catarina, onde, em alguns casos, retornos chegaram a 316% em 48 meses. É fundamental que o investidor compreenda que esses pilares são interdependentes; juntos, formam uma estrutura sólida que, como em um edifício, garante estabilidade no longo prazo e crescimento contínuo. Abaixo, eu explico detalhadamente cada pilar e sua importância no sucesso do investimento imobiliário.

Pilar da localização

Em um mercado imobiliário como o do litoral de Santa Catarina, a localização é essencial para garantir a valorização do imóvel. Quando se investe, não se adquire apenas um imóvel, mas o contexto urbano ao seu redor, incluindo o potencial de crescimento da área. Nas cidades litorâneas de Santa Catarina, mudanças significativas, como o alargamento da faixa de areia em Balneário Camboriú, trouxeram uma valorização média de 30% aos imóveis da cidade, mas a valorização chegou a ser maior nos imóveis localizados em frente a orla (FIPE, 2024). Esse fenômeno está em vias de se repetir em Itapema, outro polo de investimento que projeta aumento na valorização imobiliária.

Além disso, projetos de infraestrutura, como novas rodovias, portos e parcerias público-privadas, têm impulsionado o desenvolvimento de cidades como Porto Belo/SC e Bombinhas/SC. Em Itapema, por exemplo, o novo Pier Turístico O Porto, estrutura única na América Latina, atrairá a atenção para a cidade. Grandes marcas e restaurantes internacionais já estão com contratos fechados para atuar na estrutura. Grandes empreendimentos, como Senna Tower em Balneário Camboriú da construtora FG, que atualmente é a maior torre residencial do mundo, têm atraído o interesse mundial. Estruturas de apoio e serviço, como aeroporto privado Costa Esmeralda, facilitam o acesso de turistas de alto poder aquisitivo e investidores, beneficiando o mercado local. Estar atento a transformações urbanas e mudanças no plano diretor de uma cidade oferece uma vantagem competitiva, permitindo que o investidor compre imóveis antes da valorização, aumentando significativamente o retorno.

Pilar da segurança jurídica

A segurança jurídica é o segundo pilar da tese e é um aspecto essencial para garantir a tranquilidade e a solidez de um investimento imobiliário. Realizar um levantamento minucioso da documentação do imóvel e do vendedor, especialmente em um mercado com aproximadamente quinhentas construtoras atuando na região, é crucial. Além disso, é importante verificar o histórico da construtora, sua solidez financeira e o cumprimento de prazos e acabamentos em obras anteriores.

No litoral de Santa Catarina, o número de construtoras aumenta a cada ano. Esse cenário traz tanto oportunidades quanto riscos, já que construtoras menos experientes ou excessivamente "alavancadas", com muitos lançamentos simultâneos e pouca liquidez, podem enfrentar dificuldades em cumprir prazos e padrões de qualidade. É preciso estar atento, pois a construção civil é uma atividade de longo ciclo e problemas estruturais podem demorar para surgir. Esse tipo de problema, embora muitas vezes só apareça anos após a compra, pode ser evitado ao escolher uma construtora com bom histórico e ao contar com o suporte de um corretor bem-informado e experiente. Esse trabalho detalhado garante que o investidor compre um imóvel seguro e de qualidade.

Pilar do momento da compra (*timing*)

O *timing* de compra é o terceiro pilar. Saber quando entrar no mercado imobiliário pode fazer uma grande diferença no retorno obtido. Por meio de anos de atuação, construí uma rede de contatos privilegiada com algumas das maiores construtoras da região, permitindo que meus clientes tenham acesso a oportunidades antes de elas serem oficialmente lançadas no mercado. Esse relacionamento estreito com diretores e CEOs garante condições especiais e preços abaixo da média de mercado para meus investidores.

O histórico de juros altos no Brasil exige que o investidor mantenha sua liquidez enquanto diversifica seu portfólio. Negociações diretas com as principais construtoras permitem a entrada em imóveis com pagamentos iniciais de 8% a 10% do valor total e saldo parcelado em até 120 meses, reduzindo a exposição de caixa e garantindo condições vantajosas. Esse tipo de compra estratégica permite que o investidor aproveite o melhor do mercado sem comprometer seu capital. **Os meus negócios mais rentáveis foram estruturados por esse acesso antecipado, com o momento certo de entrada.**

Pilar do projeto

Por fim, o pilar do projeto é crucial, especialmente em um cenário em que os compradores buscam mais que uma simples residência: procuram experiências de moradia e qualidade de vida. Após a pandemia, o conceito de lar foi reinterpretado. Hoje, as novas gerações procuram imóveis que ofereçam qualidade de vida e uma experiência completa de moradia. Espaços que integram lazer, contato com a natureza, sustentabilidade e conforto são os preferidos. **Empreendimentos com biofilia, áreas verdes, lazer completo, proximidade de praias e espaços que reduzam a necessidade de deslocamento têm maior demanda e valorização.**

Esse quarto pilar, o projeto, é essencial para a liquidez futura do imóvel. Investir em projetos bem-concebidos é garantir um ativo que se valoriza ao longo do tempo, além de atrair futuros compradores e locatários com maior facilidade. Hoje, cidades como Balneário Camboriú e Itapema apresentam empreendimentos com essas características. Imóveis que entregam experiências e comodidades diferenciadas garantem um alto potencial de liquidez, pois são desejados tanto para moradia quanto para investimento de aluguel. Vale reforçar que os projetos que integram áreas verdes são sustentáveis e ficam próximos a praias ou parques e que estão alinhados com as expectativas modernas e têm demonstrado excelente valorização e liquidez no litoral catarinense.

Os quatro pilares da tese – localização, segurança jurídica, *timing* e projeto – formam uma metodologia única, desenhada para levar você, investidor, em uma jornada segura e rentável. Na prática, os aspectos dessa estratégia ao serem aplicados de forma integrada e personalizada, constroem um caminho seguro para criar um portfólio imobiliário que cresce em valor ao longo dos anos, estabelecendo uma base sólida de patrimônio.

O mercado imobiliário é uma das formas mais tradicionais e, ao mesmo tempo, dinâmicas de multiplicar riqueza. É seguro, tangível e, quando planejado com estratégia, capaz de superar retornos de muitos outros investimentos. Grandes investidores ao redor do mundo sabem da importância de incluir imóveis em suas carteiras. No litoral de Santa Catarina, esse potencial é amplificado por características únicas da região: alta valorização, um mercado aquecido e oportunidades que podem ser acessadas com um investimento inicial viável.

Com dez anos de atuação no mercado, o que tenho a oferecer vai além de imóveis: é um atendimento exclusivo e uma experiência personalizada. Meu objetivo é entender suas ambições e alinhar cada escolha de investimento com as suas metas. A partir desse entendimento, poderei desenhar um portfólio imobiliário que combine segurança, rentabilidade e uma visão de longo prazo.

Acredito que, com um bom direcionamento, qualquer pessoa pode ter sucesso investindo em imóveis. Serei o seu guia nessa jornada, oferecendo o suporte necessário para que você tome decisões com clareza e confiança. Por isso, convido você para uma conversa exclusiva, na qual poderemos discutir suas ideias e explorar possibilidades que possam gerar o retorno financeiro que você almeja. Vamos trabalhar juntos para transformar seu potencial de investimento em uma realidade tangível e lucrativa.

Referências bibliográficas

FUNDAÇÃO INSTITUTO DE PESQUISAS ECONÔMICAS – FIPE. *Índices comentados*, 2024. Disponível em: https://www.fipe.org.br/pt-br/publicacoes/relatorios/#relatorio-fipezap&fipezap. Acesso em: 14 jan. 2025.

INSTITUTO BRASILEIRO DE GEOGRAFIA E ESTATÍSTICA – IBGE. *Censo demográfico*, 2022. Disponível em: https://www.ibge.gov.br/estatisticas/sociais/trabalho/22827-censo-demografico-2022.html. Acesso em: 14 jan. 2025.

Mateus José Albanaes

"Como em uma construção robusta, um bom investimento só prospera quando sustentado por uma base sólida e projetada para o longo prazo."

Patricia Gass

Eu me chamo Patricia Gass, sou arquiteta e urbanista formada pelas Belas Artes-SP com mais de sete anos de experiência. Especialista em *V-Ray*, *SketchUp*, Iluminação Avançada e Marketing. Hoje, tenho duas empresas: uma focada em educação/treinamento e o meu escritório de arquitetura focado em projetos de iluminação.

Sou mentora, professora, palestrante e durante toda a minha jornada já transformei a vida de mais de 6.500 alunos que aprenderam como valorizar seus projetos e se posicionar de maneira diferenciada no mercado de arquitetura.

Apaixonada por educação e por compartilhar o meu conhecimento, a minha missão é fazer com que você também evolua e se destaque nesse mercado.

arq.patriciagass

+55 (11) 99267-2498

patriciagassarq@gmail.com

DO SONHO AO SUCESSO

23 COMO USAR O MARKETING DIGITAL PARA CAPTAR CLIENTES

Por Patricia Gass

Antigamente, este era o caminho ideal para ter sucesso na sua carreira: escolher uma formação, começar estagiando na área, fazer o início da sua carreira em alguma empresa para depois abrir o seu próprio negócio e fazer o seu nome na sua área. Mas, para isso acontecer, você precisava de contatos e isso poderia levar alguns anos para você chegar aonde gostaria. E nem todo mundo tinha esse privilégio, então o caminho era deixar os seus sonhos de ter seu próprio negócio na gaveta e trabalhar para outra pessoa.

Esse era o normal, mas algo nos últimos quatro anos fez isso mudar por completo: a pandemia. Com ela, o mundo digital se abriu e vimos uma grande oportunidade por necessidade: não podíamos sair de casa e muitas pessoas foram demitidas, empresas fecharam; mas, pelo outro lado, quem soube usar o digital ao seu favor conseguiu crescer muito durante esses quatro anos. Eu mesma fui uma dessas pessoas. Fui uma das pessoas que saíram da faculdade e logo em seguida abriram o seu próprio negócio e, se não fosse a necessidade que a pandemia me gerou, provavelmente não teria nem cogitado fazer isso, muito menos ter êxito. Isso abriu os meus olhos para uma coisa que nunca me falaram que era possível: vender o meu serviço como arquiteta sem precisar de contatos.

A solução para todos os problemas, não é? Mas, na época, eu não sabia de um pequeno detalhe: o marketing faz com que mais pessoas me conheçam e conheçam o meu trabalho, mas isso não quer dizer que eu vou conseguir fechar clientes. O marketing serve para gerar demanda, ou seja, para que pessoas tenham interesse no seu trabalho, mas é papel do comercial gerar essa venda.

Hoje, tem algo que é muito comum, pessoas que me mandam mensagens através do Instagram relatando o seguinte: "Pat, eu apareço aqui no Instagram mostrando o meu trabalho e estou percebendo que as pessoas estão gostando do meu conteúdo, mas, quando eu falo o valor do meu projeto, elas falam que está muito caro e acabam não fechando". E isso acontece porque, sem ter uma estrutura de vendas, você terá muitas pessoas interessadas no seu serviço. Podem até achar que você é uma profissional muito boa, mas o que faz uma empresa rodar são as vendas, são os fechamentos dos contratos.

Por que muitas pessoas tentam usar o marketing digital e não têm resultado?

Antes de falarmos da venda em si, eu preciso explicar uma coisa: marketing não é uma solução mágica. Com ele, você consegue, sim, fazer crescer a sua empresa, ter mais oportunidades de negócios e, na verdade, toda empresa precisa ter o seu setor de marketing estruturado, porque sem isso a empresa não roda, mas sem ter a estrutura certa o negócio não roda, principalmente quando falamos de um negócio digital.

Se você ainda não está no Instagram, esse é o momento certo para você entrar. Hoje, as pessoas não usam mais o Google como ferramenta de busca e sim as suas redes sociais. O mundo digital está crescendo cada vez mais e esse crescimento não vai diminuir, pelo contrário, ele só vai crescer.

Erros que as pessoas cometem

Não vai ser postando no seu Instagram "Agenda aberta" que você vai conseguir captar clientes, ou somente postando o seu trabalho. E aqui entra algo superimportante que as pessoas ignoram: para uma pessoa querer algum serviço ou comprar algo, ela precisa ver um benefício naquilo. Imagine o seguinte cenário: você está na feira fazendo as compras da semana, mas, por algum motivo, na semana passada, comprou mais bananas do que conseguia comer e por causa disso, nesta semana, não precisa de bananas. No entanto, seu estoque de maçãs acabou, então nessa semana você está procurando somente uma coisa: maçãs.

Você vai para uma barraquinha na feira e pede por maçãs – que é aquilo que você está procurando –, mas o vendedor só tem bananas, pois todas as maçãs já foram vendidas. Contudo, para ele não perder você como consumidora, vai fazer de tudo para conseguir vender as bananas. O que ele não sabe é que você não precisa de bananas e sim de maçãs. No final dessa história, você vai ficar irritada, porque não precisa de banana e a única coisa que o vendedor quer lhe vender é aquilo de que você não precisa.

Essa história pode parecer banal para você, mas explica o que muitas pessoas fazem quando tentam vender o próprio serviço:

1. comunicar-se com o cliente errado;
2. vender para o cliente aquilo que ele quer e não o que está precisando;
3. não se preocupar em entender o cliente, não criar uma conexão para ele falar exatamente o que ele está procurando e, na hora de ofertar o serviço, não trazer o benefício na oferta para o cliente não pensar duas vezes e querer fechar.

A estrutura certa de um perfil que venda

Para conseguir captar e vender para a pessoa que segue você no Instagram, primeiro você precisa ter a estrutura certa de perfil. Para isso, essa pessoa precisa encontrar facilmente as seguintes informações:

- sobre você e sua empresa;
- sobre os seus serviços;
- como você pode solucionar o problema dela;
- o seu diferencia – porque você e não outra pessoa.

Isso precisa estar em todos os locais: nos *posts* do *feed*, nos destaques e nos seus *stories*, para ela olhar e pensar "É com essa empresa que eu quero fazer o meu projeto" e não pensar em outra empresa concorrente, mas sim em você. Porque você vai ter o seu Instagram para captar clientes e não para gerar engajamento e mostrar a sua vida. Por isso que eu tenho o seguinte lema: "Se as pessoas estão conhecendo o meu trabalho e querendo me contratar, eu não vou ficar preocupada em engajamento. Se está entrando dinheiro na empresa é isso que importa".

Estrutura de uma reunião de apresentação de proposta

Agora, sim, podemos falar da coisa mais importante: a venda. Primeiro captamos o cliente, geramos desejo nele usando o marketing digital e depois precisamos fazer com que ele entenda mais profundamente sobre o nosso trabalho e feche o contrato. Conseguimos fazer isso chamando esse potencial cliente para uma reunião de apresentação de proposta, mas antes da reunião você precisa saber:

- qual o problema aquela pessoa precisa resolver;
- qual é o sonho ou o desejo que ela tem;
- como o seu trabalho consegue ajudar e como você vai precificar.

Depois disso, você vai precisar usar uma estrutura de vendas para essa reunião. O importante é que na reunião você consiga se conectar com a pessoa, entender o que ela realmente deseja, para usar isso como um gancho, para trazer a solução para ela durante toda a reunião e para que no final ela pense somente uma coisa "Eu não posso sair daqui sem esse serviço". E para isso você vai usar a estrutura a seguir.

Conheça o seu cliente

Essa é a etapa mais importante. Faça perguntas para entender exatamente aquilo de que ele precisa, mas não somente isso, faça uma conexão com ele e mostre que você tem interesse em ajudar na solução do problema dele e não somente fazer a venda.

Faça-se conhecer pela sua apresentação

Você acabou de conhecer o seu cliente e aqui é o momento para ele conhecer você. Fale um pouco mais sobre você, sobre a sua empresa, o que você acredita e qual é o seu diferencial.

Fale sobre o seu serviço

O que o cliente está orçando? Uma consultoria de interiores? Um projeto? Uma vistoria? Descreva o serviço para o cliente se sentir especial e mostrar a personalização do serviço para ele.

Apresente o processo do serviço em forma de linha do tempo

Quais são as ordens das etapas? Deixe isso em forma de linha do tempo para o cliente conseguir ter dimensão do seu serviço.

Apresente o processo do serviço detalhando cada etapa

Desmembre cada etapa do serviço explicando o porquê ela é importante, porque uma vem antes da outra. Aqui, o cliente começa a ter dimensão de todo o seu serviço e isso vai ser importante quando você falar o preço. Ele não vai achar caro pela entrega do serviço.

Fale sobre prazos

Todo serviço tem um prazo de entrega, essa é a parte do alinhamento de expetativas antes mesmo de ele ter fechado com você.

Fale sobre o valor do investimento

Nessa parte, você vai falar o valor do investimento, tomar um gole de água para a pessoa assimilar e passar para a próxima página. Precisa ser algo que não tenho muita importância, esse truque faz com que a pessoa veja que não está caro, mas que esse é o valor que o seu trabalho vale.

Finalize a apresentação com maestria

O jeito que você finalizar sua apresentação fará com que você feche o cliente ou não, por isso é importante ter algum gatilho nessa última parte. Eu gosto de falar o seguinte: "E aqui você tem três opções: tentar sozinho, ficar parado ou ter a minha ajuda profissional. Agora quero saber de você, essa proposta era aquilo que você estava procurando?".

E é com essa estratégia que eu e minhas mentoreadas conseguimos fechar 80% das propostas apresentadas.

Agora é a sua vez de colocar isso em prática

Quando estamos fazendo algo pela primeira vez, ficamos com aquele frio na barriga, insegurança e até pensamos "Será que vai dar certo mesmo?". Para terminar este capítulo, quero que você faça uma reflexão: se você não se colocar em movimento e aplicar o que aprendeu aqui, o que pode acontecer? As respostas podem ser: "Não sair do lugar", "Nada". E se você colocar em prática? "Transformar a minha vida", "Fechar mais clientes", "Receber um não". O não você já tem, foque buscar o sim. Acredite em você mesmo e no seu potencial. E falo isso porque já senti todas as coisas que você deve estar sentindo agora. Na minha primeira reunião de fechamento, gaguejei, tremi muito antes de entrar na reunião e errei algumas coisas. Mas se não tivesse a coragem de ir em frente, eu não estaria aqui ajudando você hoje.

E, por último, eu quero chamar você a colocar tudo o que aprendeu aqui comigo em prática e depois me mandar uma mensagem no meu Instagram, que está na minha apresentação, para me contar como foi.

Patricia Gass

“A venda do seu projeto começa no momento em que o cliente conhece você e só termina quando ele enxergar valor no seu trabalho.”

Pauliane Cividini

Sou Pauliane Cividini, natural de Uberlândia/MG, casada e mãe do Antônio. Minha trajetória profissional começou com a formação em Marketing, em que atuei na área de vendas, sempre buscando superar desafios e conquistar resultados significativos. Essa experiência me ensinou o valor da persistência e da dedicação.

Em 2020, durante a pandemia, fiz uma transição de carreira corajosa, ingressando no mercado imobiliário, um setor que me fascina. Desde então, não parei de estudar e me aprimorar, participando de diversos cursos e aplicando a metodologia QR do Guilherme Machado na minha imobiliária. Em 2022, realizei meu sonho de abrir a Cividini Negócios Imobiliários, onde coloco em prática tudo o que aprendi e ajudo outras pessoas a encontrarem o lar dos seus sonhos.

paulicividini

+55 (34) 99194-6953

24 INOVAÇÃO E TECNOLOGIA NO MERCADO IMOBILIÁRIO

Por Pauliane Cividini

No cenário imobiliário atual, é crucial estarmos atentos às novas tendências e tecnologias que podem nos destacar. O mercado está em constante evolução e a inovação se tornou um diferencial essencial para quem deseja se destacar nesse ambiente dinâmico. Os consumidores estão mais informados e exigentes e não aceitam mais o "feijão com arroz". Ao optarem por trabalhar com lançamentos e investimentos imobiliários, lidamos com clientes que possuem um alto nível de conhecimento sobre o mercado e seus aspectos.

Além disso, as mudanças no comportamento do consumidor, impulsionadas pela digitalização, fazem com que os clientes busquem informações de diversas fontes, desde redes sociais até portais imobiliários. Essa diversidade de pesquisa eleva as expectativas, demandando que os corretores e as imobiliárias não apenas conheçam bem os produtos que estão vendendo, mas também compreendam profundamente o perfil, as necessidades e os desejos dos clientes.

Por isso, uma abordagem proativa em relação ao atendimento ao cliente se torna indispensável. Isso implica em oferecer conteúdo relevante, disponibilizar informações claras e manter um diálogo aberto com os clientes. A construção de relacionamentos de confiança é fundamental, pois os clientes buscam não apenas um serviço, mas um parceiro que entenda suas necessidades e os ajude a tomar decisões informadas. Ao adotarmos essa mentalidade, não só nos adaptamos às exigências do mercado, mas também nos posicionamos como referências em um setor que valoriza a inovação e a personalização.

No entanto, muitos profissionais ainda enfrentam desafios significativos relacionados à falta de processos claros. A ausência de procedimentos bem-definidos não apenas dificulta a oferta de um trabalho de qualidade, mas também pode resultar na perda de oportunidades e clientes. Essa desorganização pode gerar frustração tanto para os corretores quanto para os clientes, comprometendo a confiança e a satisfação do consumidor. Também observamos uma resistência de muitos profissionais em se adaptar às novas tecnologias. Essa resistência muitas vezes se origina de uma tentativa de preservar a "maneira tradicional" de fazer negócios, mas é fundamental reconhecer que nosso mercado é dinâmico e se adapta rapidamente às inovações. A recusa em evoluir pode deixar esses profissionais para trás em um setor que exige agilidade e inovação constante.

As tecnologias não são apenas ferramentas, são aliadas estratégicas que, quando implementadas corretamente, têm o poder de transformar a maneira como operamos. Desde a gestão de *leads* até a comunicação com os clientes, a tecnologia se torna um componente vital que não pode ser ignorado. Adotar plataformas de CRM, utilizar automação e investir em marketing digital são algumas das maneiras que podemos otimizar nossos processos e oferecer um atendimento mais eficiente e personalizado.

Por isso, é imprescindível que os profissionais do setor imobiliário abracem a inovação, não como uma ameaça, mas como uma oportunidade para aprimorar suas práticas e se destacar em um mercado cada vez mais competitivo. A combinação de processos bem-estruturados e o uso eficaz de tecnologias pode não apenas elevar a qualidade do serviço prestado, mas também garantir uma experiência excepcional para o cliente, criando relacionamentos duradouros e, consequentemente, impulsionando o crescimento dos negócios.

A falta de processos estruturados compromete não apenas a eficiência operacional, mas também pode resultar em experiências negativas para os clientes. Essas experiências ruins impactam diretamente a reputação do corretor ou da imobiliária, levando a uma diminuição nas vendas e dificultando o crescimento no mercado. Em um cenário em que as opções são vastas e os consumidores têm acesso a informações em tempo real, a falta de adaptação às novas tecnologias e inovações não só reduz nossa visibilidade, mas também nos torna vulneráveis em um mercado competitivo. Com o tempo, corremos o risco de ser ofuscados por aqueles que se adaptam e evoluem, conquistando a preferência do cliente.

Por esse motivo, é fundamental compreender que, ao negligenciar a inovação e a estruturação de processos, estamos limitando nosso potencial de crescimento e colocando em risco nossa posição no mercado. Essa resistência pode parecer uma escolha segura no curto prazo, mas o que pode parecer uma decisão temporária pode se transformar em um obstáculo significativo no futuro.

Além do mais, investir na automação de processos, na capacitação contínua da equipe e na integração de tecnologias avançadas pode não apenas otimizar as operações, mas também enriquecer a experiência do cliente. O uso de ferramentas de CRM, por exemplo, pode ajudar a personalizar o atendimento e facilitar o acompanhamento das necessidades dos clientes, criando relacionamentos mais fortes e duradouros.

Aceitando a inovação e estabelecendo processos bem-definidos, não apenas elevamos a qualidade dos serviços prestados, mas também nos posicionamos como líderes no mercado imobiliário. Essa mudança de mentalidade é crucial para garantirmos a nossa sobrevivência e o nosso sucesso em um cenário em constante transformação.

Uma das soluções mais eficazes para enfrentar os desafios do mercado imobiliário é a implementação de um bom CRM. O sistema ideal deve atender às suas necessidades específicas e oferecer o melhor custo-benefício. Um CRM eficiente permite organizar informações sobre proprietários, compradores, imóveis e corretores, além de criar um funil de vendas que possibilita identificar falhas e aprimorar resultados.

Por muito tempo, eu não conseguia enxergar a real necessidade de ter um processo estruturado e, como consequência, acabei ficando para trás no mercado da minha cidade. Foi então que decidi buscar uma solução e descobri a importância de ter um processo organizado. Entre todas as descobertas, a busca pelo melhor CRM se tornou o ponto-chave. O ideal é testar diferentes opções para encontrar aquela que faz mais sentido para você e sua organização.

As redes sociais também se transformaram na nossa vitrine principal. A internet é uma grande avenida onde nossos clientes estão passando e as redes sociais funcionam como nossas vitrines. Por isso, precisamos mantê-las sempre atraentes e interessantes. Isso não precisa ser uma tarefa dolorosa ou difícil. Utilizar plataformas como o Mlabs facilita a gestão, permitindo agendar e publicar conteúdos em várias redes – como Instagram, Facebook, LinkedIn, YouTube e Google Meu Negócio –, tudo em um só lugar. Para gerar conteúdo de qualidade, existem diversas ferramentas que podem nos ajudar fazer posts criativos atrativos para nosso público.

É igualmente crucial nos atualizarmos em marketing digital. O tráfego pago é uma estratégia poderosa para a geração de *leads*, e atender rapidamente os clientes é fundamental. Nesse contexto, os *bots* de WhatsApp se tornam aliados valiosos, iniciando o atendimento e transferindo o cliente para um corretor. Investir em tráfego, tanto no Meta Business quanto no Google, é essencial para reforçar nossa marca e atrair clientes para nosso negócio.

Outro parceiro importante na criação de conteúdo é a inteligência artificial, que nos auxilia a elaborar textos de forma eficaz e persuasiva. A utilização dessa tecnologia pode acelerar nosso processo de criação e melhorar a qualidade do conteúdo que oferecemos. Para maximizar os resultados, é vital utilizar os comandos corretos, adaptando as mensagens ao público-alvo e garantindo que a comunicação seja clara e atraente.

Além disso, um *blog* bem estruturado e integrado ao seu site, no qual você compartilha *insights* sobre o mercado, pode fortalecer sua presença digital e atrair potenciais clientes. Compartilhar conhecimentos e experiências não apenas estabelece você como uma autoridade no tema, mas também cria uma conexão mais profunda com seu público.

Entretanto, além de tudo isso que falamos sobre inovação, existe algo que transcende as tecnologias: o atendimento ao cliente. De nada adianta estarmos totalmente conectados se não conseguimos atender nossos clientes com excelência. Quando falo em excelência, eu me refiro a transformar o atendimento em uma experiência única para o cliente. Ele precisa se sentir seguro e perceber em você um aliado, alguém que realmente compreende suas necessidades e deseja auxiliá-lo na conquista do seu sonho, e não apenas um vendedor de imóveis.

Acreditem, não somos vendedores; somos facilitadores de uma experiência única e transformadora na vida do cliente. Ao priorizar o atendimento de qualidade, construímos relacionamentos duradouros e uma reputação sólida, o que, em última análise, se traduz em sucesso e crescimento para nossos negócios.

Ao adotarmos essas práticas e tecnologias, não apenas aprimoramos nossa eficiência, como também criamos experiências positivas para nossos clientes. Com um bom planejamento e a utilização das ferramentas certas, podemos nos destacar nesse cenário competitivo e alcançar resultados.

É fundamental lembrar que cada interação com o cliente é uma oportunidade de construir um relacionamento duradouro e significativo. Devemos estar cientes de que a vida é cíclica, e a compra de um imóvel pode ser um evento único para muitos. Se conseguirmos estabelecer um bom relacionamento, a probabilidade de que eles voltem a nos procurar ou nos indiquem para amigos e familiares aumenta consideravelmente.

Vamos juntos trilhar esse caminho de inovação e sucesso no mercado imobiliário! Este é um momento empolgante para nossa área, repleto de oportunidades para aqueles que estão dispostos a evoluir e se adaptar. O futuro pertence àqueles que não têm medo de se reinventar e de fazer do atendimento ao cliente o centro de suas operações.

Acredito que, ao unir tecnologia e um atendimento humanizado, não só vendemos imóveis, mas também transformamos vidas. Juntos, podemos criar um legado de excelência e fazer a diferença no mercado, garantindo que cada cliente se sinta valorizado e satisfeito em cada etapa de sua jornada.

“

Pauliane Cividini

Para mim, inovar no mercado imobiliário é integrar tecnologia e empatia, criando conexões reais que transformam vidas e experiências.

”

Raphael Feltrin

Sou Raphael Willian Feltrin, legendário 65.655, natural de Valinhos/SP, onde resido com minha abençoada família: minha esposa Débora, com quem sou casado há treze anos, meu enteado João Vitor e meu filho Augusto.

Sou corretor de imóveis, especialista em imóveis corporativos e alto padrão, com dezessete anos de experiência em vendas e mais de R$ 300 milhões em valor geral de vendas (VGV), assessorando empresas, indústrias e clientes a encontrar o imóvel ideal.

A minha história começou no ramo de máquinas e equipamentos de construção. Eu me especializei no atendimento de grandes empresas e identifiquei uma oportunidade no mercado imobiliário para esse segmento. Em 2018, fiz a transição de carreira, utilizando meu conhecimento e meu relacionamento com os meus clientes, especializando-me como um corretor de imóveis corporativos.

raphaelfeltrin_

+55 (19) 99969-6340

Raphael Feltrin

ra.feltrin@hotmail.com

25 COMO CONQUISTAR CLIENTES CORPORATIVOS

· *Por Raphael Feltrin*

No mundo competitivo do mercado imobiliário, uma das dificuldades dos corretores em geral é conquistar os clientes. Neste capítulo, vamos tratar de um grupo específico de clientes, os clientes corporativos.

O cliente corporativo tem características diferentes da maioria dos clientes que procuram um imóvel residencial; ele não é movido pela emoção ou pelo sonho de adquirir o imóvel, ele é movido pela razão. Esse cliente tem necessidades específicas, precisa do imóvel correto para sua empresa e não pode errar na aquisição ou na locação, pois o que está envolvido é sua empresa ou a empresa que ele trabalha. Um erro na escolha desse imóvel pode impactar a vida de muitas pessoas, bem como pode interferir no sucesso desse negócio.

Essa decisão envolve muitas questões, pois com a mudança de uma fábrica, logística ou escritório corporativo, muitas vidas podem ser impactadas com a mudança da sua rotina de deslocamento ou até uma mudança de cidade. O profissional que atende essa empresa precisa estar atento, pois podem surgir outras oportunidades nesse atendimento.

A realidade do cliente corporativo

O corretor precisa sempre estar atualizado no mercado imobiliário, seja estudando, lendo, fazendo cursos, frequentando palestras ou fazendo mentorias. É preciso estar preparado para atender todos os tipos de clientes, tanto o cliente corporativo como o cliente residencial. Prestando um atendimento diferenciado e de qualidade para o cliente corporativo, certamente ele também pode se tornar um cliente residencial, pois parte dos clientes corporativos possuem também imóveis residenciais que podem ser trabalhados.

Conquistar o cliente é garantir que você vai fazer parte de um ciclo de vendas, entender a sua necessidade, apresentar os imóveis que atendem a sua demanda, estando próximo para gerar a sua confiança e atendê-lo do início ao fim do ciclo. Existem vários pontos que o corretor precisa saber antes de apresentar ou procurar o imóvel para o cliente corporativo, vou explorar mais sobre eles nas próximas páginas.

A importância do conhecimento técnico

A falta de capacitação é uma barreira significativa que os corretores enfrentam ao tentar conquistar clientes corporativos. Muitas imobiliárias não possuem profissional especializado no segmento corporativo, direcionando esse cliente para um corretor sem o conhecimento necessário para atender esse público, e isso dificulta esse atendimento que necessita de capacitação direcionada e técnica.

O corretor precisa de um treinamento específico para entender a linguagem técnica envolvida nessa negociação, especializando-se e estudando os produtos que vai trabalhar. Quando o corretor fala a mesma linguagem do cliente, há um ganho de tempo, pois ele entende exatamente o que o cliente precisa e consegue procurar com mais tempestividade o imóvel ideal para apresentar para seu cliente.

A seguir, apresento os pontos fundamentais que um corretor deve estudar para se preparar para esse atendimento.

<u>Entendendo a necessidade do cliente</u>

O primeiro passo para iniciar esse atendimento é entender qual é a atividade e o segmento da empresa. Você não precisa ser técnico sobre o produto do seu cliente, mas você precisa saber o que a empresa faz.

Exemplos:

- **indústria:** o que produz? Envolve produtos químicos? Precisa de espaço para estoque?
- **logística:** armazena quais tipos de produtos? Precisa estar próximo de rodovias? Armazena produtos inflamáveis ou químicos?
- **comércio:** atacadista ou varejista?

Essas informações iniciais são cruciais, pois definem onde o cliente pode operar legalmente e com conformidade. Por meio dessas informações, você identifica algo fundamental para a escolha desse imóvel: o zoneamento.

Conhecendo o zoneamento

O zoneamento é a informação mais importante para iniciar a procura desse imóvel. Você pode ter todas as outras informações que vou apresentar no decorrer deste capítulo e elas podem atender perfeitamente seu cliente, porém, se o zoneamento não for permitido, ele não conseguirá o alvará de funcionamento do imóvel. Essa situação não pode acontecer jamais!

Para dar total segurança ao cliente, após a escolha do imóvel, é ideal que você peça junto à prefeitura da sua cidade a certidão de uso e ocupação de solo do imóvel em questão. Esse documento é solicitado por meio do número da Classificação Nacional de Atividades Econômicas (CNAE), que vai informar se a atividade do cliente pode ser instalada nesse imóvel. Em algumas prefeituras, esse processo pode ser consultado no próprio *site* de forma on-line. A CNAE é utilizada para determinar quais atividades são exercidas por uma empresa.

Definindo necessidades

Após identificar o segmento e o zoneamento necessários, a conversa começa a evoluir para os detalhes desse imóvel, como, por exemplo: se será um imóvel para ampliar ou reduzir a empresa, qual a localização desejada, metragem, características, e os requisitos do cliente.

É essencial realizar uma visita na atual operação dele, pois dessa forma você consegue entender todo o processo. As informações abaixo são as que você precisará para dimensionar e direcionar a escolha do imóvel ideal.

Metragem

Identifique junto ao cliente qual será a metragem necessária e entenda os detalhes dessa informação. Por exemplo, o cliente solicita um galpão com 10.000 m² de construção. A partir dessa informação, você precisa entender:

- quantos m² de área fabril ele precisa? (Entendemos como área fabril todo espaço onde se instala a produção da fábrica ou a área armazenagem.)
- quantos m² de escritório ou área administrativa?

Exclui-se da área fabril tudo o que está relacionado a escritórios, recepção, refeitório, almoxarifado, mezanino e outras construções que podem contar como metragem construída no imóvel, mutas vezes o próprio cliente não possui esse conhecimento, por isso é importante fazer as perguntas corretas e entender a diferença dessas nomenclaturas.

Localização

Um ponto muito importante é entender a localização de que a empresa precisa. A localização é complexa, pois dependemos de alguns fatores que vimos acima, como zoneamento e metragem. Além disso, a região pode impactar na mão de obra. Muitas vezes, a empresa quer expandir, mas não quer perder a mão de obra qualificada que já possui. Ela pode ter dificuldade de encontrar o imóvel dentro do raio que seus funcionários continuem na empresa.

Altura do pé direito

O que é o "pé direito"? É a altura do vão livre existente entre o chão até o teto do imóvel. Por que essa informação é importante? Os galpões utilizados para fins logísticos (armazenagem) geralmente necessitam de um pé direito mais alto, enquanto indústrias geralmente não possuem essa necessidade.

Atualmente, os galpões utilizados para fins logísticos estão sendo construídos com 12 a 14 metros de pé direito, essa metragem possibilita a verticalização da operação. O que isso significa? O cliente consegue armazenar a mercadoria em porta-paletes reduzindo o tamanho da área fabril locável do galpão e o custo da locação em geral. Se for um galpão utilizado para uma indústria, pode ser que não haja necessidade de um pé direito tão alto, podendo utilizar galpões com 6 a 10 metros de pé direito, tudo dependendo de cada operação.

Capacidade do piso

Vamos para outro ponto que tem que ser observado com atenção, a capacidade do piso do galpão. Indústrias que utilizam máquinas, equipamentos pesados e movimentação de empilhadeiras, precisam que o piso tenha uma capacidade mínima de seis toneladas por m^2. Essa resistência vai impedir que o piso se danifique e cause estragos no galpão e nas máquinas instaladas na produção.

Necessidades de doca

O que são docas? As docas para carga e descarga são estruturas localizadas nos galpões e projetadas para facilitar o carregamento e descarregamento de mercadorias de forma eficiente e segura. Identifique se seu cliente necessita desse recurso.

Existem alguns tipos de docas. Os mais utilizados são:

- doca elevada com plataforma niveladora;
- doca lateral ou *sider*;
- doca zero ou acesso de nível.

Energia

Identifique qual a capacidade de energia o cliente utiliza. Algumas empresas, como logísticas que não armazenam produtos congelados ou refrigerados, não demandam um imóvel com uma capacidade grande de energia. Porém, em caso de indústrias ou logísticas que possuem câmara fria, por exemplo, o imóvel vai precisar de um transformador. Caso o imóvel não tenha, poderá ser feita solicitação junto à companhia de energia da cidade.

Pátio de manobra

Geralmente, os galpões logísticos são construídos em terrenos grandes, porque precisam de um grande pátio para manobra de carretas e caminhões. Identifique se o cliente precisa de pátio e qual tamanho, pois nem todos os galpões possuem terreno disponível suficiente para atender uma grande operação logística.

Infraestrutura

Algumas regiões industriais, que estão fora da área urbana, podem não possuir o atendimento de água e esgoto da cidade. Quando isso acontece, para solucionar a falta de água é perfurado um poço artesiano e para o esgoto é feita uma fossa séptica. Essa informação é muito importante de ser levada para seu cliente, pois, se a legislação do ramo de atuação dessa empresa não permitir uso de uma alternativa que não seja esgoto tratado, pode inviabilizar a instalação da empresa nesse local. Fique atento a isso.

Compreender as necessidades específicas e oferecer soluções precisas é mais que uma estratégia; é uma arte que transforma desafios em oportunidades no mercado imobiliário corporativo.

Que este conhecimento inspire cada corretor a se aprofundar, a se especializar e, acima de tudo, a construir relações de confiança que impactem positivamente o sucesso dos negócios e a vida de muitas pessoas, assim como a minha vida foi transformada após me especializar como um corretor de imóveis corporativos.

Raphael Feltrin

“Transformar desafios em oportunidades é a arte do corretor; especialize-se, inspire confiança e mude vidas por meio do conhecimento.”

Prof. Reginaldo Antunes

Sou o professor Reginaldo Antunes, natural de Governador Valadares/MG. Resido em Belo Horizonte/MG, com a minha esposa Renata Alvarenga e minhas filhas Vitória e Laura.

Sou engenheiro formado pela Universidade Federal de Minas Gerais (UFMG) em 1990, perito avaliador de imóveis desde 2006. Empresário, professor, escritor e CEO da Laudo Master. Iniciei minha carreira em 1990 na maior cervejaria do Brasil na época, e que hoje está presente em todo o mundo. Atuei no Brasil e no México, retornando em 2005. Aí decidi atuar com avaliações e perícias. A experiência como gestor me trouxe o espírito investigativo e mediador, necessário para o sucesso na nova área.

Superei grandes desafios, pois foi difícil encontrar formação na área. Isso me motivou a treinar pessoas.

laudomaster

+55 (31) 99968-1456

laudomaster

contato@laudomaster.com.br

DO SONHO AO SUCESSO

26 PERITO AVALIADOR DE IMÓVEIS E MERCADOS LUCRATIVOS

Por Prof. Reginaldo Antunes

Existem duas questões fundamentais para todo profissional de sucesso: ser muito bom naquilo que faz e encontrar muita demanda para isso. Ou seja, é importante que ele faça muito bem o seu trabalho e que tenha muitos clientes o contratando.

Vou me concentrar aqui na segunda questão, pois eu tenho certeza de que você já superou a primeira delas.

Para nós, engenheiros, arquitetos e corretores de imóveis, isso pode representar um desafio, já que nossas atividades dependem muito dos humores da economia. Em época de economia aquecida, os projetos e as execuções estão a pleno vapor, quando os engenheiros e arquitetos são muito procurados. E o mercado imobiliário está com alta liquidez, negócios sendo fechados rapidamente e em quantidades, com os corretores de imóveis trabalhando muito.

Porém, quando estamos atravessando uma crise econômica, tudo fica mais desafiador. Os projetos e as execuções são adiados. Até mesmo as manutenções são postergadas. As transações imobiliárias ficam escassas e com baixa liquidez. É quando falta trabalho e remuneração.

Pense em uma situação diferente, em que os seus serviços são demandados pelos clientes a todo tempo, independentemente da situação econômica. É o que acontece com alguns profissionais. Olhe só os médicos, que estão sempre trabalhando com demanda: consultas, exames, atendendo hospitais, cirurgias etc. Ou seja, a atividade é independente da economia. O mesmo acontece com os bons advogados: processos judiciais ou administrativos sendo iniciados nos tribunais, prefeituras, órgãos de governo, cartórios etc.

Agora imagine que você, engenheiro, arquiteto ou corretor de imóveis, possa elevar a sua carreira a um patamar em que você não se preocupa mais com os altos e baixos da economia. Não seria fantástico? Isso é possível quando você passa a atuar com **avaliação de imóveis**. Porém, é preciso entender essa atividade, sabendo como atuar e concentrar sua energia.

Vejo muitos desses profissionais dizendo que é uma área de pouca demanda. "Nenhum cliente vai pagar para determinar o valor do imóvel para anunciar". Isso é uma verdade. Porém, esse não é o mercado que o perito avaliador deve buscar, pois é uma opção para cliente fazer ou não o laudo de avaliação. Ele pode muito bem optar por obter uma "opinião de valor" com o seu corretor de imóveis. Porém, existem mercados nos quais o laudo de avaliação não é uma opção, mas uma **obrigação** da qual o cliente não pode fugir. São nesses mercados que o perito avaliador deve atuar.

Vivi uma experiência há alguns meses em Belo Horizonte/MG, no almoço após uma de minhas palestras. Um dos participantes se sentou ao meu lado e me contou a sua jornada. Ele era recém-aposentado do serviço público e ainda jovem para parar de produzir. Ele foi atuar como avaliador de imóveis na imobiliária de um amigo. Chegava bem cedo e passava os dias lendo jornais, tomando café e conversando com os colegas. Fazia de uma a duas avaliações por semana, cobrando R$ 200 por cada uma. Os clientes vinham negociar a colocação do imóvel para venda na imobiliária. O corretor oferecia a avaliação para a determinação do justo valor de mercado. Aí o cliente perguntava se era obrigatório e quanto custava. Como se tratava de uma opção, o cliente preferia ficar com a opinião de valor do corretor. E o nosso colega se contentava com essa minúscula remuneração semanal, pois aquilo para ele era uma oportunidade de sair de casa e se manter ativo. Então eu mostrei a ele as reais oportunidades que ele estava perdendo.

O perito avaliador de imóveis precisa atuar onde as avaliações são obrigatórias, sem a opção de postergar a entrega do laudo. Imagine um processo judicial em que o juiz nomeia um perito avaliador de imóveis para a elaboração do laudo de avaliação. Aí uma das partes fala: "Excelência, estamos atravessando uma crise econômica e tudo está difícil. Por favor, arbitre um valor no processo. Nós faremos a avaliação daqui a dois ou três anos, caso a economia melhore". O que o juiz faria nessa situação?

Pense agora no banco, onde um empresário solicita um empréstimo. O gerente solicita a apresentação de imóvel em garantia, com o laudo de avaliação elaborado de acordo com a norma técnica. O cliente pede que o banco libere o dinheiro sem o laudo de avaliação, pois as coisas estão difíceis agora e o laudo será feito daqui a três ou quatro anos, quando será possível pagar pelos honorários do perito avaliador. É claro que o empréstimo não sairá!

Você percebeu a grande diferença entre o caso do nosso colega da imobiliária com esses casos do processo judicial e do banco? Portanto, existe sim uma área de atuação para o engenheiro, o arquiteto e o corretor de imóveis, onde ele se "descola" dos humores da economia. É a área da avaliação de imóveis atuando nos mercados em que ela é obrigatória e não uma opção. Vou ensinar a você quais são esses mercados.

Bancos

É um dos mercados de atuação mais tradicionais. Quando o comprador de imóvel financia por meio do banco, o mesmo imóvel fica como **garantia**. É necessário fazer a avaliação. A mesma coisa ocorre quando uma pessoa ou uma empresa pega um empréstimo, oferecendo um imóvel como garantia. Os honorários são menores em comparação com os valores pagos pelos demais mercados. Porém, a quantidade de trabalhos ao longo do mês faz com que as retiradas mensais sejam consideráveis.

O perito avaliador recebe as suas convocações por e-mail, faz a vistoria no momento mais adequado para ele e entrega os resultados por meio dos sistemas dos bancos ou por e-mail. Os bancos públicos (Caixa, Banco do Brasil etc.) publicam os **editais de credenciamento**, com os pré-requisitos necessários. Esses bancos credenciam apenas engenheiros e arquitetos, não aceitam os corretores de imóveis. Por outro lado, as cooperativas de crédito, empresas de consórcio e pequenos bancos aceitam também os corretores. Uma particularidade: é necessário se credenciar como pessoa jurídica. Por outro lado, você poderá atuar como pessoa física em todos os demais mercados que eu vou lhe mostrar.

Tribunais de justiça: perito judicial

Também é um dos mercados mais tradicionais. Os juízes são doutores em leis. Porém, os processos são de diversas áreas: engenharia, contabilidade, medicina, avaliação de imóveis. Então, os juízes nomeiam os peritos judiciais para a prova pericial, uma peça importante na formação dos veredictos. A inscrição é feita por meio do sistema de auxiliares da justiça do Tribunal de Justiça Estadual e leva de dois a três dias. É imprescindível ir até às comarcas onde vai atuar para se apresentar aos juízes. Isso fará com que eles conheçam você e vejam a sua maturidade. Não há como agendar essas apresentações. É necessário ir até os fóruns e buscar pelos juízes. São diversos processos que envolvem a avaliação de imóveis: partilhas de bens, desapropriações etc. Os honorários são consideravelmente mais elevados e o perito judicial faz jus ao adiantamento de 50% antes de iniciar os trabalhos, recebendo o restante na entrega das respostas aos quesitos de esclarecimentos.

Advogados e assistentes técnicos das partes

Da mesma maneira que os juízes nomeiam seus avaliadores, as partes dos processos podem indicar os seus assistentes técnicos, que têm a função de acompanhar o trabalho do perito judicial, elaborando suas avaliações independentes, além de formularem os quesitos, que são perguntas a serem respondidas pelo perito no laudo. Para entrar nesse mercado, é necessário se apresentar aos advogados que atuam nas varas cíveis. Nunca chegue de surpresa sem um prévio agendamento da reunião. Os honorários também são elevados e os bons assistentes técnicos são disputados pelos advogados.

Médias e grandes empresas

É normal que bancos privados e algumas cooperativas de crédito solicitem que o cliente apresente a avaliação de imóveis que são dados em garantia, diferentemente dos bancos públicos, que usam seus peritos credenciados. E existem outras situações: atualização patrimonial, fusão ou cisão, compra ou venda de algum imóvel etc. É bom ter um *site* na internet e informar ao "oráculo" Google que você existe. Isso é bastante simples de ser feito.

Clientes e pessoas físicas

Muitos clientes precisam da avaliação para a solução amigável ou administrativa de diversas questões. As mesmas pessoas que entram com os processos judiciais também fazem avaliações prévias antes da judicialização. São casais, famílias, empresários etc. Eles também irão encontrar você por um bom site ou pelo Google.

Concessionárias de serviços públicos

São as empresas que possuem alguma concessão pública (estradas, energia, água, gás) ou mesmo órgãos do governo que desapropriam imóveis para a implantação de instalações públicas: estrada, avenida, linha de transmissão, adutora ou gasoduto. É necessário determinar o valor dos imóveis para o pagamento das indenizações. Nenhum pagamento é feito sem a avaliação. E caso a pessoa física ou pessoa jurídica a ser desapropriada não concorde com o valor, elas serão clientes dos dois últimos mercados citados acima.

Shopping centers e lojistas

É o mercado para a determinação do valor de locação. Os contratos são renovados a cada cinco anos e é necessário determinar o justo valor de locação na renovação, independentemente do índice utilizado no contrato. Pense quantas avaliações por mês são necessárias no *shopping center* mais próximo de você, sendo que todas as lojas fazem isso a cada cinco anos. E não são apenas *shopping centers*. O mesmo se aplica a todo contrato de locação comercial.

Todos os mercados que eu lhe mostrei representam situações em que não se tem a opção de deixar de fazer a avaliação do imóvel. São avaliações obrigatórias. Ou seja, não dá para postergar. E existem diversos outros mercados menores, porém com o mesmo perfil de urgência. É isso que o perito avaliador deve buscar para que tenha uma atividade de alta demanda e independente da situação econômica.

Eu espero de verdade que este capítulo tenha despertado em você a realidade do perito avaliador de sucesso. E que isto transforme a sua vida!

“ *Prof. Reginaldo Antunes*

Viver é incrível! Viva a sua vida com maturidade! E sem sofrimento. ”

Thiago Kury

Thiago Kury Rodrigues, advogado, corretor de imóveis com dezessete anos de experiência e empresário de *franchising* e empreendimentos imobiliários.

Tem graduação em Direito pela Universidade do Vale do Rio dos Sinos (Unisinos), pós-graduação em Direito Imobiliário pela Faculdade Damásio e em Gestão de Negócios Imobiliários pela Faculdade Metropolitana e é mestrando em Administração com ênfase em Marketing Digital pela Must University.

Sócio do escritório Kury & Rodrigues Advocacia, que atua em consultoria jurídica para incorporadoras e construtoras, com foco em contratos imobiliários, direito registral e sucessões há mais de sessenta anos.

Atua como *broker* franqueado da RE/MAX no Rio Grande do Sul, rede imobiliária com sessenta agências e mil corretores associados no estado. É dirigente das entidades CRECI-RS, OAB-RS, Rotary Club e AICITI.

kurybroker
+55 (51) 98153-0128
Thiago Kury
thiagokury@remax.com.br

DO SONHO AO SUCESSO

27 A IMPORTÂNCIA DO *NETWORKING* NO SETOR IMOBILIÁRIO

Por Thiago Kury

Antes de mais nada, responda sinceramente a seguinte pergunta: você sabe realmente do que se trata o *networking*?

Pois bem, o *networking* é uma poderosa ferramenta estratégica e essencial para qualquer profissional, especialmente no setor imobiliário. A definição mais abrangente do termo vai além da simples troca de cartões de visitas ou contatos no WhatsApp. Trata-se de uma rede de relacionamentos baseada na troca mútua de interesses, capaz de abrir portas, gerar novas oportunidades e fortalecer parcerias. No mercado imobiliário, o *networking* pode significar a diferença entre ser apenas mais um corretor ou se tornar uma referência no setor.

O *networking* tem um poder transformador para quem deseja prosperar no mercado imobiliário. Ele não apenas amplia o número de potenciais clientes, mas também possibilita o aprendizado constante sobre as tendências e as necessidades do mercado. A troca de experiências e conhecimentos com outros profissionais, clientes e investidores permite ao corretor não só se manter atualizado, como também desenvolver uma visão estratégica de mercado.

Além disso, as redes de relacionamento possibilitam contatos com diferentes públicos: compradores, vendedores, investidores e parceiros de negócios. Cada conexão criada pode representar uma oportunidade de negócio, uma indicação valiosa ou mesmo um aprendizado crucial para a carreira. Em um setor tão competitivo como o imobiliário, o networking é uma vantagem estratégica que amplia o alcance e as possibilidades de atuação do corretor. A seguir, você terá acesso aos tópicos mais importantes para uma construção eficaz de sua rede de conexões.

A mentalidade empreendedora por trás do *networking*

Para realizar um *networking* eficaz, é essencial adotar uma mentalidade empreendedora. Isso significa enxergar cada interação como uma oportunidade de criar valor mútuo. Seja em um evento social, em uma reunião de negócios ou até mesmo em uma conversa casual no elevador, o empreendedor está sempre atento para identificar como pode colaborar, agregar valor e construir relações sólidas.

A globalização e a tecnologia trouxeram uma nova dinâmica para as conexões humanas. Hoje, é possível expandir redes de contato de maneira digital por meio de plataformas como LinkedIn, Instagram e WhatsApp, além das interações presenciais. No entanto, isso exige que os profissionais estejam preparados para comunicar seu valor de forma clara e eficiente, seja em um *pitch* de 30 segundos ou em um *post* de redes sociais.

Networking eficaz exige mais do que simplesmente aprender regras ou seguir roteiros. Ele envolve o desenvolvimento de uma mentalidade aberta ao aprendizado contínuo. Isso significa refletir sobre suas experiências, aprender com os erros e buscar constantemente formas de se aprimorar. Por exemplo, após cada interação de *networking*, pergunte a si mesmo:

- "<u>O que funcionou bem?".</u> Identifique quais abordagens ou tópicos despertaram mais interesse na outra pessoa.
- "<u>O que pode ser melhorado?".</u> Reflita sobre momentos em que a conexão poderia ter sido mais profunda ou genuína.
- <u>"Qual é o próximo passo?".</u> Pense em como você pode nutrir essa relação – seja com um e-mail de acompanhamento, um convite para um evento ou mesmo uma mensagem de agradecimento.

O senso crítico irá auxiliar você na avaliação dos diagnósticos e, principalmente, servirá de base para uma tomada de decisão assertiva em uma busca pela melhoria contínua, o famoso kaizen.

A técnica F. R. O. G. para estruturar sua rede de contatos

A técnica F. R. O. G. (Family, Recreation, Occupation, Goals) é uma abordagem prática e eficiente para fortalecer o *networking* no setor imobiliário, muito usada por profissionais da rede RE/MAX e outros mercados. A metodologia classifica os contatos em quatro categorias estratégicas para fomentar relações e personalizar interações, com o objetivo de criar conexões genuínas e de longo prazo. A seguir, as adaptações que realizei ao longo das experiências utilizadas com meus times comerciais.

- F – Family ("Família"): essa categoria agrupa informações sobre a vida familiar dos seus contatos. Conhecer os detalhes da vida pessoal das pessoas – saber se têm filhos, se são casados, ou até mesmo sobre eventos marcantes – ajuda a construir laços emocionais mais fortes. Contate e interaja com todos os seus familiares, afinal fazem parte de uma base inicial da sua rede. Certifique-se de que todos conheçam seu trabalho no mercado imobiliário e estejam prontos para recomendá-lo.
- R – Recreation ("Relacionamentos"): aqui, você organiza informações sobre os *hobbies*, interesses e atividades de lazer do contato. Saber o que a pessoa gosta de fazer no tempo livre pode abrir portas para conversas informais e criar um relacionamento mais descontraído. Amigos, clientes, fornecedores, prestadores de serviços e outras pessoas próximas compõem esse grupo. Cada interação com eles é uma oportunidade de compartilhar seu valor e conquistar indicações.
- O – Occupation ("Ocupação"/"Organizações"): essa categoria se refere à vida profissional do contato. Saber onde a pessoa trabalha, sua função e suas metas profissionais é essencial para alinhar interesses de negócios. Inclui também, nesse ponto, as instituições das quais você participa, como clubes, associações, entidades de classe, igrejas, academias, clubes esportivos, grupos do WhatsApp ou mesmo círculos sociais informais; são fontes valiosas para expandir sua rede. Esses ambientes oferecem excelente potencial para fortalecer sua presença no mercado.
- G – Goals ("Objetivos"): a última categoria é dedicada às ações, objetivos e aspirações de toda sua rede de contatos formada a partir das classificações anteriores. Entender o que motiva as pessoas e suas metas futuras cria um ponto de conexão mais profundo e fará com que você de fato possa desfrutar de sua poderosa rede de *networking* existente.

A técnica F. R. O. G. humaniza conexões, transformando interações frias em relacionamentos genuínos e fortalecendo a confiança ao demonstrar interesse além de objetivos comerciais. Isso contribui para maior retenção de clientes e pode ser aplicada tanto presencialmente quanto em redes sociais, além de ser útil para organizar informações no CRM imobiliário.

A importância da marca pessoal e da reputação

Sua imagem e sua reputação são a sua maior vitrine. No setor imobiliário, no qual a confiança é um fator crucial, cuidar de sua marca pessoal é indispensável. A teoria de **Albert Mehrabian (2007), que afirma que 93% das pessoas criam uma impressão a partir de sua imagem, reforça a importância de transmitir profissionalismo e segurança em cada interação.**

Isso inclui desde a escolha do vestuário até a forma como você se comunica verbal e não verbalmente. Além disso, cuidar da sua presença on-line, mantendo suas redes sociais atualizadas e alinhadas ao seu posicionamento profissional, é uma estratégia eficaz para atrair e manter conexões.

E, para maximizar os resultados do seu *networking*, adote algumas práticas e ferramentas que otimizam o processo.

- **Cartão de visitas digital ou impresso**: tenha sempre em mãos uma forma de compartilhar rapidamente suas informações de contato.
- **Fortaleça sua marca pessoal e mantenha suas redes sociais atualizadas:** poste conteúdos relevantes sobre o mercado imobiliário e compartilhe informações úteis com sua rede. Uma marca pessoal forte facilita conexões significativas. Esteja onde as pessoas estão.
- **Planejamento de contatos:** mantenha uma lista organizada das pessoas que você deseja alcançar e os canais mais eficazes para se comunicar com elas. Faça da tecnologia sua aliada, como a ferramenta CRMs (Customer Relationship Management), ajudando a organizar contatos e manter o foco no acompanhamento regular de sua rede.
- **Habilidades interpessoais:** desenvolva empatia, escuta ativa e habilidade de fazer perguntas espontâneas para criar conexões mais profundas e genuínas.

O *networking* no setor imobiliário é fortalecido pelo aprendizado contínuo, sendo que leituras como *Como fazer amigos e influenciar pessoas* (2012), de Dale Carnegie, são fundamentais para desenvolver habilidades de relacionamento. Esse clássico ensina estratégias para criar impacto positivo e consolidar relações sólidas, mas a aplicação prática dos conceitos é essencial. Participar de eventos do setor e interagir com clientes e investidores permitem transformar interações casuais em oportunidades de negócios.

Energia e foco: os pilares do sucesso no *networking*

Coloque energia em seu negócio, tenha sempre uma mentalidade positiva, foco no que importa e, principalmente, seja comprometido com aquilo que você se propôs. Essa receita é o combustível para construir e manter conexões poderosas.

Estabelecer e manter um bom *networking* exige energia física, mental e emocional. Participar de eventos, engajar-se em conversas significativas, manter-se atualizado sobre as necessidades dos seus contatos e oferecer suporte ou soluções sempre que necessário são tarefas que demandam esforço constante.

No mercado imobiliário, em que as decisões de compra, venda e investimento são altamente baseadas em confiança, o *networking* é uma ferramenta poderosa. Um corretor bem-conectado tem acesso a informações exclusivas, parcerias estratégicas e oportunidades que outros podem não ter. Além disso, relacionamentos bem cultivados podem gerar indicações de clientes e fortalecer sua reputação profissional.

O *networking* não é apenas sobre ganhar, mas sobre crescer juntos. Ele exige dedicação, energia para persistir e foco para direcionar seus esforços corretamente. Quando bem-feito, o *networking* não apenas transforma carreiras, como também cria relacionamentos sólidos e significativos que enriquecem a vida profissional e pessoal.

Coloque energia em seu negócio, tenha sempre uma mentalidade positiva e foco no que importa e, principalmente, seja comprometido com aquilo que você se propôs a fazer.

Referências bibliográficas

CARNEGIE, D. *Como fazer amigos e influenciar pessoas*. São Paulo: Companhia Editora Nacional, 2012.

MEHRABIAN, A. *Nonverbal Communication*. [s.l.]: 2007.

Thiago Kury

“Cuide da sua ambiência e ande somente com pessoas que querem o seu sucesso.”

Crédito: @letswagenska.

Tiago Jardim

Sou Tiago Jardim, natural de São José do Rio Preto/SP. Resido em Santos/SP há mais de 32 anos. Sou casado com Letícia Farah há dois anos, que está grávida de nossa filha.

Sou corretor e avaliador de imóveis na Invista Inteligência Imobiliária desde abril de 2016 e fui gerente de treinamentos em 2021-2022, auxiliando na formação de mais de cem corretores. Sou formado em Gestão Empresarial pela FATEC/Santos, técnico em Edificação pela ETEC/Santos; fiz os cursos de Avaliações Imobiliárias, Perito Judicial e Noções Básicas de Negociação pelo PROECCI e sou registrado no Cadastro Nacional de Avaliadores de Imóveis (CNAI). Fiz mais de quinhentos negócios de forma direta e indireta como corretor de locação e de vendas através da Invista.

otiagojardim

+55 (13) 98131-7792

Tiago Guizelini Jardim

tguizelini@gmail.com

28 A IMPORTÂNCIA DE UMA AVALIAÇÃO PROFISSIONAL

Por Tiago Jardim

Quem diria que um simples atendimento em uma loja de roupas me levaria a construir uma carreira de sucesso no mercado imobiliário de Santos? A paixão por pessoas e a busca por desafios me impulsionaram a deixar a zona de conforto e mergulhar no mundo das negociações. Hoje, com anos de experiência e centenas de negócios realizados, posso afirmar que a avaliação de imóveis é a chave para o sucesso em nossa profissão. Neste capítulo, vou compartilhar minhas principais estratégias e dicas, para que você também possa se destacar nesse mercado.

Em abril de 2016, recebi um convite que mudaria minha vida. O diretor de uma imobiliária pequena, na época com apenas três corretores, foi até a loja em que eu trabalhava para comprar uma camisa e, quando recebeu meu atendimento, resolveu me convidar para tomar um café. No primeiro momento, achei suspeito, mas liguei para ele, aceitei o convite e no mês seguinte iniciei como aprendiz de corretor no mercado de Santos, sob a responsabilidade e treinamento de Abner Ricco, na Invista Inteligência Imobiliária, abandonando a carteira assinada e o salário fixo, para aprender como lidar com vendas de alto valor agregado e atender clientes que juntam dinheiro a vida inteira para confiar a mim a intermediação e a busca pelo sonho brasileiro de morar no seu próprio imóvel.

Até a metade de 2018, quando terminei minha faculdade de Gestão Empresarial, o que mais fiz foram negócios de locação e vistorias de imóveis. Além da participação direta nas negociações, algumas vezes, ajustava as minutas e as revisava para assinatura. Com toda prática adquirida no mercado, a captação de imóveis, a prospecção e o atendimento dos clientes me fizeram perceber que a avaliação de imóveis estava diretamente ligada ao desempenho do corretor – afinal, tudo começa no valor do imóvel, tanto para alugar quanto para vender.

Em 2020, voltei meu foco completamente para área de vendas, após ter concluído mais de 150 negócios de locação e algumas vendas. Notei ainda mais a importância da avaliação bem-feita, pois afetava demais o bolso de quem vendia e o interesse de quem iria comprar.

Nessa época, sempre que me chamavam para uma avaliação de um imóvel para venda, ficava inseguro, pois em Santos, e acredito que em várias outras cidades até mesmo fora do estado de São Paulo, esse deve ser um momento bastante desafiador.

Quando o imóvel nunca foi avaliado, o proprietário sempre tem uma expectativa de valor em mãos, principalmente se for uma pessoa mais experiente e tiver feito alguns negócios imobiliários ao longo de sua vida. Essa expectativa é gerada por meio de pesquisas de mercado, quase sempre perguntando ao zelador ou porteiro de confiança ou para o vizinho que vendeu faz pouco tempo. E o grande problema gira em torno dessa dificuldade de quebrar essa falsa impressão de que o imóvel pode ser vendido por um valor um pouco maior do que o valor informado pelo zelador, devido ao bom gosto na reforma que foi feita anos atrás, mesmo que o zelador tenha mentido ou dito algum valor que achava estar certo para agradar o proprietário.

Outra questão que dificulta a avaliação e a compreensão do proprietário, principalmente quando a avaliação é feita por um valor menor que o esperado, é avaliação de outros profissionais não capacitados ou desinformados sobre o mercado local, gerando transtorno, impossibilitando a venda e, muitas vezes, até menosprezando o trabalho de quem avaliou de forma justa, mas acabou gerando um desconforto, por outro profissional ter avaliado o imóvel por um valor maior.

Para comprar um imóvel, muitas vezes o cliente depende completamente de vender o dele, acontecendo o que nós chamamos de “condicionar a venda”, ou seja, ele só vende o apartamento dele sob a condição de achar outro imóvel para ele. Nesses casos, por exemplo, a avaliação do imóvel e o atendimento do corretor, para mostrar o que será possível o cliente comprar na hora que o imóvel dele for vendido, podem deixar o cliente mais confiante e consciente dos negócios que acontecerão em breve, para não haver frustrações e arrependimentos, pois, caso ele venda e não ache nada que possa comprar com o valor que terá em mãos, se sentirá enganado pelo corretor que não o orientou quando fez a avaliação para venda do imóvel dele.

Em Santos, os imóveis possuem valorizações que podem variar mais de 20% de um andar baixo para o outro mais alto no mesmo residencial, devido a possibilidade de vista para o mar e a reforma, mesmo tendo a mesma metragem, e estando na mesma prumada. Outro critério de avaliação é o custo mensal fixo do imóvel, condomínio, IPTU e algumas vezes laudêmio, se esse for em faixa litorânea. Caso o custo mensal do imóvel seja elevado para os padrões do residencial e não ofereça benefícios que o considere relevante, o valor passa a ser indesejado pelos interessados, levando a depreciação do bem.

Por causa dessa variação e desses critérios, desde que comecei a trabalhar com a avaliação dos imóveis, passei a seguir três premissas: primeira, sempre avaliar um imóvel presencialmente e com documentos que comprovem os dados, pois dessa forma poderia entender o contexto em que ele está inserido; segunda, preparar-me para visita de avaliação, sabendo exatamente quais os últimos negócios foram feitos na microrregião com imóveis do mesmo perfil; e, terceira, entender o motivo emocional da venda, que terá também muito valor na hora da negociação, inclusive para compreender o proprietário na hora de negociar.

Essas três premissas, além de muito importantes, são imprescindíveis para uma avaliação precisa e minuciosa, visto que a confiança do cliente só será conquistada se você realmente apresentar informações e provas que embasem sua argumentação. Deixe acessível as informações que você utilizou para poder apresentar sempre que necessário, pois isso facilitará a compreensão do proprietário na hora de mostrar o que levou você a precificar desta forma. Tenha muito cuidado ao falar com proprietário, qualquer comentário pode se tornar ofensivo, dependendo da entonação e, ainda pior, se for mal colocado.

Como sugestão, use as seguintes perguntas para saber mais sobre o imóvel:

- "Há quanto tempo mora aqui?";
- "O que levou você a comprar esse imóvel na época entre as oportunidades que visitou?";
- "Você mesmo quem reformou o imóvel ou contratou uma arquiteta?" (Caso seja um imóvel reformado.);
- "Quanto tempo levou para reformar? O senhor lembra?";
- "Quais materiais foram utilizados para o acabamento?";
- "O que te levou a querer vender seu imóvel?";
- "Faz tempo que está anunciando? Já teve alguma proposta?".

Em caso de herança, tente reunir todos os herdeiros para uma conversa e utilize as perguntas a seguir.

- "O inventário está concluído? Pergunto, pois, para viabilizar a venda, precisamos estar com toda documentação regularizada. Sem isso, afastaremos potenciais compradores que podem não concordar em aguardar ou correr o risco da operação";
- "Vocês sabem se existem outros imóveis à venda na região? Pois, da minha parte, trouxe alguns comparativos que podem servir como balizadores de opinião, se me permitem gostaria de falar sobre eles";
- "Vocês receberam outras avaliações, ou essa será a primeira? Quero me certificar de que estão preparados para receber uma avaliação justa e que traga interessados em até um mês de anúncio, pois qualquer imóvel no preço tem essa possibilidade. No entanto, se estiver fora de preço, pode levar meses ou até anos, dependendo do caso".

Perguntas como essas demonstram interesse genuíno pela construção de valor e farão o proprietário sentir orgulho ao responder você, cada vez mais ficando mais confortável e confiante em falar com você, que saberá mais detalhes do imóvel para chegar ao valor de mercado correto.

Não tenha vergonha ou medo de ser sincero. Uma dica que posso dar referente à hora de falar de preço é esta: primeiro, construa todo o cenário com o proprietário para demonstrar que entendeu tudo sobre ele e seus concorrentes e só faça isso quando tiver recebido a seguinte pergunta: "Então me conte, quanto vale o meu imóvel?". Essa é a hora de falar sobre preço e não demore, gagueje ou diga que "acha que vale". Tenha esse valor claro da mesma forma que sabe dizer seu próprio nome, com a convicção e a objetividade que a pergunta feita demanda – afinal, falaram ainda pouco sobre os valores do imóvel e tem toda propriedade que precisa para isso.

Sugestão de abordagem para precificação do imóvel: "Considerando todos os predicados e qualidades do imóvel, o valor deste imóvel não pode passar de X reais". Não diga absolutamente mais nada. A probabilidade de êxito é tremenda, ainda mais se você gerou uma boa conexão e a confiança necessária com o proprietário. Sua avaliação será levada em consideração e muitas vezes aceita. Teste e depois me conte se deu certo. Por isso é tão importante investir tempo para se preparar, se apresentar e conversar com o proprietário do imóvel.

A união desses conceitos surgiu da minha experiência prática ao longo de quase nove anos na empresa, sob a orientação do meu diretor. Essa vivência, aliada às capacitações em avaliação de imóveis, que me renderam o CNAI, e em perícia de imóveis, me tornaram uma referência em captação e avaliação, conferindo ainda mais profundidade e confiabilidade ao meu trabalho.

Para ser um corretor de sucesso, mantenha-se atualizado, invista em conhecimento, construa relacionamentos sólidos com seus clientes, faça *networking*, personalize seu atendimento e seja organizado. Acompanhe as tendências do mercado, participe de treinamentos e ofereça soluções personalizadas para cada cliente.

Lembre-se: a avaliação de imóveis é uma arte que exige conhecimento, experiência e sensibilidade. Ao seguir essas dicas e investir em seu desenvolvimento profissional, você estará preparado para enfrentar os desafios do mercado e alcançar o sucesso em sua carreira.

Tiago Jardim

“A avaliação de imóveis é a chave para o sucesso na corretagem.”

Valéria Segato

Sou Valéria da Silva Segato, mãe de Aline e Artur, corretora de imóveis há 22 anos — CRECI 66.469 —, perita em avaliações imobiliárias — CNAI 26.112. Delegada do Creci distrital na cidade de Tietê/SP, CEO da Valéria Segato Negócios Imobiliários — CRECI J 044800 —, com loja em Cerquilho/SP, imobiliária especializada em atendimento de alto padrão no interior de São Paulo/SP.

Atuamos nas cidades de Cerquilho, Tietê e por meio de parcerias nas cidades de Piracicaba/SP, Porto Feliz/SP, Tatuí/SP, Boituva/SP e locação por temporada no litoral.

Tenho especialização de cursos e mentorias para o atendimento de mercado imobiliário de alto padrão, cursos de inteligência emocional do Método Cis.

valeriasegato

+55 (15) 99779-2012

+55 (15) 3143-0899

Valeria Segato

Valeria Segato

contato@valeriasegato.com.br

valeriasegato.com.br

DO SONHO AO SUCESSO

29 CONEXÕES PODEROSAS NO MERCADO IMOBILIÁRIO

Por Valéria Segato

Vou contar para vocês um pouquinho sobre a minha história e sobre como adquiri a minha experiência ao longo desses 22 anos no mercado imobiliário.

Primeiramente, quero agradecer a Deus, que me trouxe até aqui, me deu o dom de vender, me honrou e meu deu a oportunidade de escrever este capítulo. Meu desejo é que a minha trajetória possa inspirar outras mulheres a realizarem os seus sonhos através do mercado imobiliário. Agradeço a todos os clientes que me confiaram a missão de auxiliá-los a comprar, vender ou alugar os seus imóveis.

Dedico aos meus dois filhos, Aline e Artur, que estiveram sempre do meu lado e entenderam que todo o tempo dedicado ao trabalho era para buscar o melhor para a nossa família.

Quero fazer uma dedicação especial às pessoas que me deram oportunidade de ingressar no mercado imobiliário, à minha mãe e a um grande amigo dela e advogado o Dr. Jose Geraldo de Pontes Fabri, o Doutor Adinho, (*in memoriam*) – a ele devo grande parte dos meus aprendizados no mercado imobiliário, um grande mestre que ensinava com sabedoria. Com a minha mãe, aprendi a habilidade de me comunicar com alegria e positivismo e que saber se comunicar é a habilidade mais importante desse mundo.

Nasci em uma família simples. Minha mãe, Alcina, enfermeira, e meu pai, Humberto, motorista. Como meus pais sempre trabalharam fora, eu aprendi a assumir muitas responsabilidades desde menina. Eu queria que minha mãe chegasse do trabalho e encontrasse tudo em ordem, casa limpa e até a comida pronta. Eu gostava muito de brincar na rua, andar de bicicleta, mas o jogo que eu mais amava brincar era o famoso Banco

Imobiliário. E, um dia, depois de adulta, descobri que as nossas habilidades profissionais estão muito relacionadas ao que a gente gostava de brincar quando criança. Quando ouvi isso, voltei ao tempo e vi as minhas memórias de infância brincando horas com esse jogo, aí não tive mais dúvida que era esse o talento que Deus tinha me dado.

Comecei no mercado aos 19 anos, uma menina na época um pouco acanhada e sem experiência nenhuma, mas com muita vontade de aprender.

Passei por todos os setores de uma imobiliária – recepção, locação, rescisão, vistorias e financeiro – e fui aprendendo dia a dia como funcionava tudo e cada área que passei me trouxe um aprendizado.

No setor da recepção, aprendi o quanto é importante receber bem o cliente, sempre com um sorriso no rosto, fazê-lo se sentir em casa, pois quando o cliente se sente acolhido ele fica conosco.

No setor da locação, aprendi o quanto é importante ouvir o cliente, entender a necessidade e se colocar no lugar dele, somente assim você estará engajado a encontrar a melhor solução para ele.

No setor financeiro, aprendi o quanto é importante olhar o lado do outro. Nesse caso, as duas partes, locador e locatário, precisam entender o momento e, às vezes, a dificuldade de cada um para então intermediar uma solução que não prejudique nenhum lado.

No setor de rescisão, aprendi o quanto é importante você ser imparcial e se manter em equilíbrio, para intermediar os conflitos que às vezes surgem ao término de um contrato. É esse equilíbrio que vai permitir você solucionar a situação e deixar uma boa impressão no cliente para que ele tenha uma boa experiência e se lembre de você e da sua empresa numa futura relação, quando ele pode retornar como locatário, locador ou até mesmo como comprador.

E, finalmente, o setor de vendas, pelo qual me apaixonei e que muitos acham ser o setor mais difícil, pois muitas vezes o resultado demora para chegar, mas é extremamente gratificante quando você o alcança! Para chegarmos no resultado, é necessário muita iniciativa, persistência, foco e fé.

É nessa área de vendas que você conhece a arte de entender as pessoas. Por fim, ao atingir o objetivo, você enxerga a importância que teve a sua atitude e a sua presença na vida do seu cliente. Ver o resultado de uma família feliz por causa do seu trabalho é o que lhe dá energia para fazer cada vez mais e melhor.

E como eu comecei na área de vendas? Comecei do zero, quando tirei meu CRECI com 23 anos, foi-me dada essa missão de vender. Na época, as listagens de imóveis eram impressas, não existia *site* e eu não tinha experiência nenhuma não sabia absolutamente nada da área de vendas.

E como eu aprendi? Aos poucos, correndo atrás, com humildade, eu ligava para os corretores de outras imobiliárias para fazer pesquisa de mercado, pois na época não tinha *sites* e nem referências de valores, então aprendi a avaliar imóveis dessa forma, pesquisando e me informando. Tive medo, muitas vezes, de não saber como fazer, mas eu enfrentei meu medo e fui em frente, sempre pensando positivo e que eu iria conseguir.

E assim foram muitos aprendizados ao longo desses anos todos. Aprendi a vender imóvel na planta (e que desafio era vender um imóvel no projeto!), em uma cidade do interior, onde as pessoas não estavam acostumadas com esse formato de venda e, na época, não existia apartamento decorado para ajudar. Foi o sucesso na venda desses primeiros empreendimentos na planta que impulsionou o mercado para serem lançados novos empreendimentos na cidade.

Aprendi nessa experiência de venda de lançamentos que o importante é você estar bem-informado a respeito de tudo sobre o produto – desde a concepção do projeto até o potencial de valorização depois de o imóvel estar pronto –, preparar-se para atender o cliente e esclarecer todas as dúvidas passando segurança e transparência.

Foi com a profissão de corretora de imóveis que realizei muito dos meus sonhos. Um deles, em especial, foi dar a oportunidade de a minha filha estudar no EUA. Hoje, tenho orgulho de ver o quanto essa experiência foi importante para o crescimento pessoal e profissional dela, que atualmente é uma advogada e também atua no mercado imobiliário.

Por que estou contando isso? Para inspirar outras mulheres a pensarem em seu sonhos. São os sonhos que nos movem e nos fazem sair da zona de conforto e chegar ao topo! Qual é o sonho de cada um de vocês? Estudar? Viajar? Comprar um carro? Investir nos estudos de seu(sua) filho(a)? Comprar sua casa própria? O que move você? O que lhe impede de alcançar seus objetivos? Eu sempre digo que na profissão de corretor de imóveis não há limite para ganhar dinheiro, basta você **acreditar**, **se capacitar** e **fazer acontecer**.

Ao longo desses 22 anos como corretora de imóveis, vejo o quanto é necessário estudar, capacitar-se por meio de cursos, seminários e mentorias relacionadas ao seu mercado. Sei que todos os meus aprendizados se deram pelas experiências de atendimento de cada cliente e a dedicação aos estudos.

Gostaria de compartilhar dez dicas de conexões poderosas no mercado imobiliário.

1. Conecte-se com Deus e peça discernimento em cada atendimento, conecte-se com seu cliente e pare para ouvir o que ele diz e entender a necessidade dele.
2. Procure, antes de tentar vender, conhecer a pessoa com quem você está falando. Não é sobre imóveis e sim sobre pessoas.
3. Às vezes, nem o seu cliente sabe o que ele quer. O papel do corretor é analisar a circunstância atual de vida da família e direcionar para o que é melhor para o cliente e não para si.
4. Não tente vender o imóvel mais caro, mas sim o que melhor se adapta ao cliente.
5. Seja gentil e positivo sempre. Não comece um atendimento falando do imóvel, primeiro se conecte com o cliente e deixe ele se sentir à vontade com você.
6. Demonstre interesse pelo seu cliente. O que ele faz? Como ele vive? O que é importante para ele?
7. Quando estiver com o cliente, atenção total para ele, do início ao fim do atendimento. O tempo e a atenção são o que mais as pessoas valorizam hoje.
8. Cuide de você, da sua imagem, do seu intelectual, do seu espiritual e emocional, para que você possa ajudar o seu cliente em todos os sentidos. Às vezes, o corretor atua como conselheiro, psicólogo e/ou advogado.
9. Peça ajuda quando não souber e estude bastante. Somente com a capacitação profissional constante você se manterá atualizado sobre o seu mercado e passará segurança para o seu cliente.
10. Esteja nos ambientes certos, relacione-se com as pessoas certas, busque o conhecimento certo na intensidade certa, para que você alcance e tenha conexões poderosas no mercado imobiliário.

Cinco mensagens para motivar você todos os dias (MACHADO, s.d.)

- As oportunidades só aparecem para quem está preparado. Quem não se capacita vai achar que o outro tem muita sorte!
- A única coisa que separa você do seu sucesso são as desculpas que você dá para não fazer as tarefas.
- O que você acredita sobre você é o que determina quem você é.
- Sucesso é o que temos quando transformamos motivação em atitude!
- Não importa o quão difícil algo possa parecer, eu vou alcançar! Pense nisso e se surpreenda!

É sobre você entender que a boa comunicação é a habilidade mais importante do mundo. Se você aprende a se relacionar com as pessoas, você tem uma atitude positiva, então você terá mais bem-estar emocional, será mais feliz e mais bem-sucedido na sua profissão.

A grande virada de chave aconteceu comigo quando mudei a minha comunicação comigo mesma. E não poderia deixar de citar a experiência transformadora da minha vida, que foi o Método Cis do Paulo Vieira, o maior treinamento de inteligência emocional do mundo; quem me apresentou a esse método foi a minha médica, Dra. Carolina Simonato, a quem sempre serei grata por isso. Um método que hoje indico a todos. Quando curei minhas crenças limitantes e entendi sobre minha crença de merecimento e identidade e que Deus me fez para ter uma vida em abundância, tudo se transformou.

Quero finalizar com esta mensagem: "Consagre a Deus o que você faz, e os seus planos serão bem-sucedidos" (Provérbios 16:3).

Referências bibliográficas

BÍBLIA SAGRADA. Nova Versão Internacional. São Paulo: Editora Vida, 2007.

MACHADO, G. *Insights quebra-regras*: 120 sacadas para você vender mais. [s.l.], [s.d.].

Valéria Segato

“Venda é relacionamento. O trabalho do bom corretor está em se relacionar, ouvir e entender a necessidade do cliente. A venda é a consequência disso.”

Viviane Torres

Iniciei na área imobiliária há doze anos, atuando em lançamentos, dando uma pausa e retornando cinco anos depois em imóveis de alto padrão. No ano de 2020, fui premiada na imobiliária onde atuei, no ranking dos três melhores profissionais de vendas do ano, passei à gerência de equipe e, após um ano, montei junto a dois sócios minha própria imobiliária.

Sou filha e esposa de construtores de imóveis e isso também me ajuda muito a ampliar meus conhecimentos sobre imóveis de qualidade e o mercado no geral.

Minha satisfação está em não só realizar os sonhos dos meus clientes, como em também trazer sempre o melhor negócio para ele.

vivianetorres.imoveis

+55 (19) 99592-0490

DO SONHO AO SUCESSO

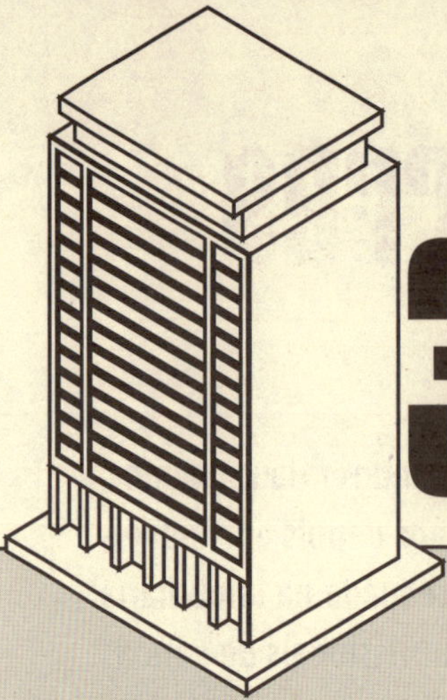

30 MANTENDO-SE ATUAL NO DINÂMIC[O] MERCADO IMOBILIÁRIO

Por Viviane Torres

O mercado imobiliário é, sem dúvida, um dos setores mais dinâmicos e competitivos, marcado por constantes transformações impulsionadas por variáveis econômicas, avanços tecnológicos e mudanças no comportamento dos consumidores. Esses fatores exigem que os profissionais da área, especialmente os corretores, estejam sempre atentos às novas tendências e demandas do mercado.

Não basta possuir um bom portfólio ou apresentar vendas expressivas; destacar-se nesse cenário implica em ir além, abraçando a capacidade de compreender as complexidades do setor e, mais importante, antecipar as necessidades tanto dos clientes quanto do mercado. Esse diferencial transforma o corretor em um profissional preparado para lidar com desafios e oferecer soluções mais assertivas e personalizadas.

No mercado atual, o conhecimento é, sem dúvida, um dos ativos mais valiosos que um corretor pode possuir. Estar constantemente atualizado sobre as mudanças na legislação imobiliária, como alterações em leis de zoneamento, financiamentos ou contratos, pode ser o ponto de virada em uma negociação. Além disso, acompanhar tendências emergentes no *design* de interiores, como a valorização de espaços multifuncionais ou a adoção de materiais sustentáveis, agrega valor às apresentações e às orientações oferecidas aos clientes.

A familiaridade com novas tecnologias, como plataformas digitais de gestão imobiliária, realidade virtual para visitas remotas ou ferramentas de inteligência artificial para análise de mercado, também é essencial. Essa busca por atualização contínua não apenas confere maior credibilidade ao corretor, mas também o posiciona como um especialista confiável, capaz de fornecer orientações fundamentadas e seguras para decisões de compra ou venda. Em um mercado cada vez mais exigente, ser essa referência faz toda a diferença na construção de uma carreira sólida e bem-sucedida.

Nos últimos anos, a tecnologia revolucionou o mercado. Ferramentas digitais, como CRM, *tour* virtual e inteligência artificial, transformaram a gestão de clientes e vendas. Realidade aumentada e virtual oferecem visitas à distância, uma solução que ganhou relevância durante a pandemia. O CRM organiza e otimiza o atendimento, melhorando a experiência do cliente e aumentando as chances de conversão.

O marketing digital é essencial. Corretores que investem em presença on-line e anúncios direcionados atraem e fidelizam clientes. Com redes sociais e ferramentas como Google Ads, é possível otimizar recursos e expandir o alcance. A atualização tecnológica permite oferecer um serviço eficiente e moderno, alinhado às expectativas dos clientes.

No mercado imobiliário, o aprendizado deve ser contínuo. Cursos, palestras e *workshops* são essenciais para se manter competitivo. Corretores de sucesso buscam expandir conhecimentos em economia, legislação, urbanismo e tendências de *design*, oferecendo orientação precisa sobre momentos ideais para compra ou venda.

Investir em certificações agrega valor, permitindo ao corretor oferecer serviços mais completos. Análises de mercado e relatórios demográficos ajudam a personalizar o atendimento, elevando o nível de atuação.

A marca pessoal é fundamental. Corretores com presença digital sólida, que transmitem autenticidade e relevância, ganham confiança. Definir sua proposta de valor é o primeiro passo. Conteúdos consistentes sobre o setor e interações nas redes sociais fortalecem a autoridade e atraem clientes.

O perfil do cliente mudou. Hoje, ele exige personalização e transparência. Corretores que praticam escuta ativa, oferecendo imóveis que realmente atendem às expectativas do cliente, economizam tempo e aumentam a confiança. A honestidade e o valor agregado também são essenciais para fidelizar o cliente.

Em tempos de crise, a adaptabilidade se destaca. Em crises econômicas, como a pandemia de covid-19, a resiliência do corretor e a capacidade de ajustar abordagens são diferenciais. Focar nichos como imóveis para locação pode compensar a queda em outros segmentos.

As redes sociais são canais indispensáveis. Com elas, corretores expandem o alcance, interagem diretamente com o público e constroem uma relação de confiança. Imagens e vídeos de imóveis, bem como conteúdos relevantes, fortalecem a imagem e convertem seguidores em clientes.

O mercado exige uma revisão constante do modelo de negócio. Avaliar estratégias de venda, marketing e atendimento permite ajustes que maximizam o potencial. Análises de métricas e *feedback* dos clientes orientam decisões eficazes. Inovações, como WhatsApp Business e *chatbots*, otimizam o atendimento e mantêm o corretor competitivo.

Sustentabilidade é uma tendência crescente. Corretores que conhecem certificações e benefícios financeiros de imóveis sustentáveis podem atender clientes conscientes, destacando economia de energia e qualidade de vida.

A transformação digital exige adaptação. *Big data* e automação facilitam a análise de mercado e personalizam o atendimento. Plataformas on-line agilizam o processo de venda, proporcionando uma experiência mais prática e eficiente para o cliente.

O atendimento ao cliente é um elemento essencial no mercado imobiliário, sendo a base para o sucesso e a construção de uma carreira sólida. Corretores que praticam a escuta ativa, ou seja, que não apenas ouvem, mas compreendem e interpretam as necessidades e expectativas dos clientes, destacam-se na criação de relacionamentos genuínos e eficazes. A escuta ativa é uma prática que vai além de ouvir as palavras; envolve captar nuances, entender preocupações e responder de forma objetiva e empática. Além disso, a transparência em cada etapa do processo é indispensável para fortalecer a confiança. Ser claro sobre prazos, custos, documentação necessária e possíveis desafios evita mal-entendidos e cria um ambiente de segurança para o cliente, que sente estar lidando com um profissional ético e comprometido.

O atendimento de qualidade, no entanto, não termina com o fechamento da venda ou assinatura do contrato. O suporte no pós-venda é o que transforma uma simples transação em uma experiência memorável. Esse suporte pode incluir acompanhar a finalização de processos burocráticos, orientar sobre a mudança, indicar profissionais para reformas ou manutenções, ou até mesmo estar disponível para esclarecer dúvidas após a entrega do imóvel.

Essas ações mostram ao cliente que ele não é apenas mais um número, mas uma pessoa valorizada. Como resultado, a satisfação do cliente se traduz em fidelidade, o que é um ativo valioso para o corretor. Clientes bem-atendidos frequentemente recomendam o profissional para amigos, familiares e conhecidos, criando um ciclo virtuoso de indicações que amplia as oportunidades de negócios.

A gestão de tempo, por sua vez, é uma habilidade indispensável para manter a produtividade e o equilíbrio no dia a dia. Um corretor bem-sucedido sabe que o planejamento é a chave para evitar o estresse e a sobrecarga de trabalho. Isso começa com uma agenda semanal organizada, que deve incluir desde compromissos com clientes até momentos para estudo e desenvolvimento pessoal. Ferramentas como aplicativos de gestão de tarefas, calendários digitais e sistemas de CRM são excelentes aliados para monitorar contatos, gerenciar prazos e acompanhar o progresso das negociações.

Um bom exemplo é usar o CRM para categorizar os clientes por estágio de interesse, permitindo que o corretor saiba exatamente quem precisa de um acompanhamento mais próximo e quem está em fase de decisão. Além disso, dedicar tempo para capacitações, como *workshops* sobre vendas ou cursos de mercado imobiliário, mantém o profissional atualizado e à frente da concorrência. Saber delegar tarefas administrativas ou burocráticas também é uma estratégia inteligente para focar o que realmente importa: fechar negócios e fortalecer relacionamentos.

Networking é outro pilar fundamental para o crescimento e o sucesso de um corretor. Construir e nutrir uma rede de contatos sólida é como plantar sementes que, com o tempo, se transformarão em oportunidades valiosas. Participar de eventos do setor, como feiras imobiliárias, conferências e encontros de associações profissionais, permite que o corretor se conecte com outros especialistas, investidores e potenciais parceiros de negócios.

Esses momentos de interação não apenas ampliam o alcance do corretor, mas também ajudam a posicioná-lo como uma referência no mercado. Por exemplo, ao manter contato com arquitetos, engenheiros, advogados especializados em imóveis e outros corretores, o profissional tem acesso a informações privilegiadas, parcerias estratégicas e recomendações mútuas que enriquecem seu trabalho. Além disso, a presença ativa em redes sociais, com postagens frequentes e relevantes, também fortalece a imagem do corretor como um especialista acessível e confiável.

Em resumo, o sucesso no mercado imobiliário exige mais do que conhecimento técnico. Ele é construído por meio de atendimento impecável, gestão de tempo eficiente e um *networking* bem-estruturado. Cada um desses pilares contribui para formar um profissional diferenciado, capaz de criar conexões sólidas, atender às expectativas dos clientes e se manter competitivo em um mercado tão dinâmico e desafiador.

Viviane Torres

"Para se manter relevante no mercado imobiliário, a inovação constante é a chave, mas a credibilidade é o que abre todas as portas."

William F. Pilatti

Sou nascido na cidade de Garibaldi/RS, onde resido atualmente, filho da Maura e Lourenço, pessoas que me inspiraram desde pequeno ao mundo do empreendedorismo, irmão da Paola. Hoje, casado com a Jovana com quem tenho uma filha Júlia. Desde a adolescência, demonstrei interesse em comunicação, vendas e inovação.

Eu me qualifiquei em várias áreas como Gestão Comercial, Marketing Estratégico, Inovação Empreendedorismo e Vendas e em Gestão de Investimentos. Hoje, busco conhecimento em Neurociência aplicada aos negócios.

Sou empresário multissetorial em três áreas diferentes e, além disso, tenho treinamentos on-line. Com mais de cinco anos no setor imobiliário, sou corretor de imóveis e gestor de quatro operações imobiliárias na região da Serra Gaúcha.

williampilatti

+55 (54) 98143-0003

DO SONHO AO SUCESSO

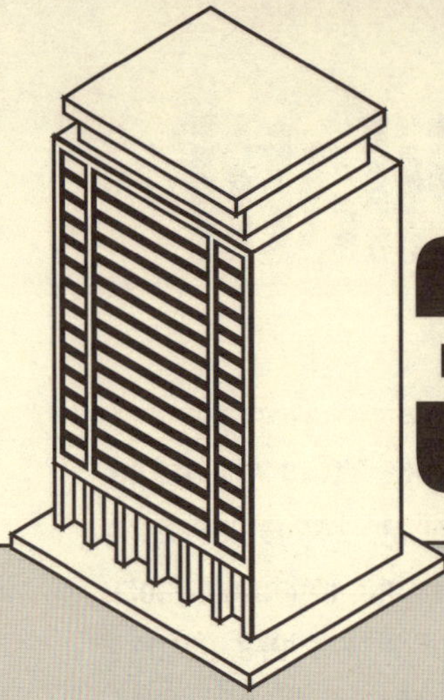

31 A IMPORTÂNCIA DA LOCALIZAÇÃO NA VALORIZAÇÃO IMOBILIÁRIA

Por William F. Pilatti

Hoje, no setor imobiliário, atuo com vários tipos de imóveis, seja para investimento, alto padrão ou lançamentos, além de ser autorizado pela Caixa Econômica Federal para imóveis retomados. Nossas operações são nas cidades de Bento Gonçalves/RS, Carlos Barbosa/RS, Farroupilha/RS e Garibaldi/RS, todas localizadas na Serra Gaúcha. Atuo também com imóveis em regiões de alta procura para investidores ou como opção de segunda residência como Gramado, Litoral Gaúcho e Litoral Catarinense.

Meu intuito com você, leitor, é oferecer somente o que já testei e utilizei, nesses cinco anos, então consigo passar a você vários pontos. Como, por exemplo, comprar imóveis de leilão, na planta ou em cidades e estados diferentes, já realizei todas essas operações para garantir e entender realmente quais etapas e dificuldades cada compra nos apresenta. Acredito muito em pessoas que ensinam o que realmente já testaram, sentiram na pele e é isso que apresento neste material.

Uma oportunidade de compra de imóvel que me fez pensar muito foi pelo quesito localização. Há quatro anos, realizei a compra de um apartamento em leilão, o qual foi avaliado de R$ 115.000,00 por R$ 63.000,00, um grande desconto. Após algumas burocracias, aprendi e estruturei em nossas operações um time jurídico interno, pois sabemos que tempo é dinheiro, principalmente nesse tipo de investimento. Realizei a compra e só depois fui avaliar o empreendimento, mas nesse momento que percebi que ele não atendia os meus objetivos, pois não tinha demanda de compra para revenda e nem uma boa locação. Passados três anos realizei a venda do imóvel, meses vazio, meses alugado. A venda do imóvel foi por R$ 125.000,00, retirando ganho de capital e despesas do imóvel parado meu resultado ainda foi positivo, mas isso me ensinou a valorizar a localização. Neste material, vou lhe mostrar inúmeras situações para você não cometer os mesmos erros que eu cometi.

O mercado imobiliário, sempre pujante e aquecido, está em constante transformação. O perfil do cliente e os produtos mudam de forma incessante, sejam imóveis de tamanhos diferentes, com áreas comuns ou número de andares, até para aluguel por temporada, lotes ou condomínios fechados. Além disso, temos as inúmeras variações e novidades que os empreendimentos entregam, mas um fator como a localização ainda continua sendo um grande influenciador para a decisão do cliente, e é o que iremos ver neste capítulo.

Para iniciar nossa análise, vamos imaginar que você instalará uma loja de roupas física, com atendimento ao público de portas abertas e temos duas opções, uma localizada em uma região movimentada, térrea, com estacionamento para os clientes, com o valor de aluguel de R$ 10 mil e outra em um bairro, onde a rua é de passagem, contendo poucas opções de estacionamento, mas com valor de R$ 5 mil. A diferença de valor talvez faça você pensar em decidir a segunda opção, não é mesmo? Será que o proprietário dessa segunda sala analisou a localização do seu investimento? Pense comigo, após estudar as propostas você concorda que a primeira opção é mais vantajosa pelo conforto que a primeira sala entregará ao cliente? É nesse momento que identificamos a importância da localização na definição do seu investimento.

Agora, vou trazer para você o exemplo da compra de apartamentos em lançamento, no qual você precisa identificar se a localização prevê infraestrutura no local, como escolas, mercados, posto de saúde, circulação de transporte público. Essas informações são essenciais na análise tanto para investimento quanto para moradia, pois, caso esteja comprando para fins de investimento, precisa considerar a demanda para revenda e, visto que hoje perdemos muito tempo com deslocamento a infraestrutura, é de grande relevância para o convencimento do seu cliente. E, levando em conta a opção de moradia própria, isso lhe trará conforto e valorização do seu imóvel. Essa análise simples faz muita diferença ao longo dos anos, na qual você realmente vai realizar a operação e validar o valor da valorização.

Ademais, quando a aquisição é de lotes em loteamentos novos, podemos fazer a mesma análise, e é de extrema importância que você identifique se essa região está no caminho do desenvolvimento da localidade. Quando esse fator não for seguido, uma opção é não realizar a compra antes do empreendimento iniciar, observar a aceitação do mercado e então fazer o investimento. Mas então você irá me indagar, pois a margem de rentabilidade vai diminuir. Porém, nesse caso, será mais assertivo no investimento, pois já sabemos que terá uma boa aceitação no mercado. Por outro lado, precisamos ter cautela, pois a onda de valorização acontece por um período, após isso a valorização vai estagnar e é essencial que já tenhamos o lote em nossa posse – caso contrário, a valorização será reduzida, ou teremos que aumentar o prazo de venda.

Vou contar sobre um fato muito comum que presenciei, um indivíduo com terreno adquirido a R$ 220 mil em 2008, que estava localizado a caminho do desenvolvimento de uma cidade/bairro e, após treze anos, em 2021, o mesmo terreno foi vendido por R$ 1 milhão e 130 mil. Essa valorização é vista normalmente em casas antigas ou terras que fazem seus proprietários milionários apenas com a venda do seu bem material.

Precisamos lembrar que a localização pode ser influenciada pela vizinhança. Em alguns casos, o lote ou o imóvel tem uma excelente localização, porém com vizinhanças desconectadas ao ambiente e que podem influenciar diretamente na sua venda e sua rentabilidade.

Ter um imóvel excelente, bonito, com vista privilegiada e valor acessível em um edifício completo é perfeito, porém, caso ele não tenha fácil acesso ou boa circulação local, geraria uma dificuldade de deslocamento, atrasos ou muito tempo perdido para você ou seu cliente, causando transtorno e perda de tempo. Analisando essa situação, concorda comigo que esse empreendimento tem seu valor reduzido, mesmo sendo completo?

Agora, vamos considerar uma situação semelhante ao exemplo que citei acima. Existe, atualmente, uma tendência de reformar apartamentos antigos, os quais normalmente estão em ótimas localizações e áreas já consolidadas. No entanto, são imóveis com desgaste e acabamentos ultrapassados. Isso é denominado *house flipping*; esse formato, normalmente, identifica ótimas localizações para ter uma demanda de compra do imóvel com um novo visual.

Vamos mudar o foco, vou falar sobre localização para a locação por temporada, um mercado relativamente novo comparado ao setor da construção a qual está ativa há muitos anos. Essa novidade vem alterando o mercado e a rentabilidade dos investidores que têm imóveis de 20, 30, 40 m^2 e conseguem uma rentabilidade de 1% até 3% ao mês nos meses de pico de faturamento. O sucesso desse tipo de produto está totalmente ligado à localização, pois quanto mais próximo a locais importantes como de eventos, shows, mercados, farmácias e hospitais, mais fácil a locação e maior o valor a ser cobrado por diária. É importante ressaltar que outras regiões de sucesso desses produtos são as turísticas, onde o cliente busca conforto e a circulação de pessoas é alta.

Vale ressaltar que, na região litorânea, prédios relativamente pequenos são demolidos para uma nova geração de condomínios. Isso acontece, pois a localização é privilegiada, com vistas para o mar. Com os adventos da tecnologia, conhecimentos e equipamentos, é possível construir empreendimentos mais altos, robustos e com muitas moradias. Essa ação beneficia a todos que estão em contato com essa construção, pois o construtor terá mais imóveis à venda e o morador do condomínio antigo terá um novo apartamento ou poderá revender o imóvel e, assim, lucrar com esse projeto.

Além dos pontos comentados até aqui, um dos principais, atualmente, é a segurança da localização. Sabe-se que isso influencia em qualquer tomada de decisão, podendo valorizar ou desvalorizar qualquer imóvel.

A seguir, estão os principais aspectos a serem avaliados na escolha da localização ideal.

- Entenda se a região é emergente, já estabelecida ou tem potencial para desenvolvimento.
- Verifique a qualidade da infraestrutura disponível, tanto do local quanto da área ao redor.
- Analise se as características da região são compatíveis com as exigências do tipo de imóvel em questão.
- Considere a segurança local, observando fatores como índices de criminalidade.

- Verifique se o valor do imóvel ou do aluguel está alinhado ao mercado da região.
- Avalie a facilidade de acesso e as opções de mobilidade no entorno.

Para comprovar os números, a pesquisa da Associação Brasileira de Incorporadoras Imobiliárias, com a Brain Inteligência Estratégica, demostrou que a localização privilegiada e a segurança são os maiores estímulos para os compradores e mais de 60% das pessoas considerariam pagar valores acima da média do mercado se eles tiverem estes dois diferenciais (DAMASCENA, 2024).

Com todos esses exemplos, você ainda tem alguma dúvida de que a localização é um dos principais fatores no sucesso do seu investimento? A influência acontece pela praticidade, circulação, privacidade e exclusividade, garantindo mais valorização e rentabilidade ao imóvel. Sempre que você estiver definindo um imóvel para compra ou investimento, entenda esses pontos quanto à localização e, após essa análise, vá para as próximas características do imóvel. Agora, você já sabe que a localização pode valorizar ou simplesmente acabar com seu imóvel ou negócio e não queremos prejuízo, não é mesmo?

Grandes oportunidades andam juntas a ótimas localizações; essa união torna o investimento mais alto e, com isso, faz com que muitos investidores repensem sobre a operação. Espero que eu tenha ajudado você com todas essas informações e que agora você consiga analisar o investimento antes de descartá-lo, pois, na maioria das vezes, essa diferença de investimento pode gerar grandes margens com o passar do tempo ou com o andamento das obras.

Domine a arte de identificar a melhor localização e tenha mais rentabilidade em seus investimentos. Seguindo os pontos abordados anteriormente, você terá retornos melhores, os quais acontecem em imóveis com melhor localização para cada tipo de produto.

Referência bibliográfica

DAMASCENA, B. Pesquisa mostra que localização e segurança são principais fatores para valorização imobiliária. *Estadão Imóveis*, publicado em 4 de junho de 2024. Disponível em: https://imoveis.estadao.com.br/compra/pesquisa-mostra-que-localizacao-e-seguranca-sao-principais-fatores-para-valorizacao-imobiliaria/. Acesso em: 13 jan. 2025.

William F. Pilatti

“Localização é a chave do sucesso no mercado imobiliário.”

EDITORA
CHAVE MESTRA®

Instagram: @editorachavemestra

E-mail: editora@editorachavemestra.com.br

Site: www.editorachavemestra.com.br